새만금에서 세계로

이승,
도전의
길

이승, 도전의 길
새만금에서 세계로

초판 1쇄 발행 2023년 8월 17일

지은이 이승
펴낸곳 드림위드에스
출판등록 제2021-000017호

교정 서은지
편집 서은지
검수 서은지
마케팅 위드에스마케팅

주소 서울특별시 강남구 학동로 165, 2층 (신사동)
이메일 dreamwithessmarketing@gmail.com
홈페이지 www.bookpublishingwithess.com

ISBN 979-11-92338-52-1(03810)
값 16,700원

- 이 책의 판권은 지은이와 드림위드에스에 있습니다.
- 이 책 내용의 전부 또는 일부를 재사용하려면 반드시 양측의 서면 동의를 받아야 합니다.
- 잘못된 책은 구입하신 곳에서 바꾸어 드립니다.

새만금에서  세계로

이승, 도전의 길

이승 지음

**새만금을 가장 잘 아는 전문가!
이승의 도전 이야기**

*새만금의 아들,
출사표를 던지다!*

목차

들어가며 ——————————————————— 7
추천사 ———————————————————— 10

저자 이력 ——————————————————— 16

Chapter 01
나를 만들어 준 것은 도전들이었다

1. 학창 시절의 이야기 ——————————————— 20
2. 대학 학생회장과 제적 ————————————— 38
3. 첫 창업과 성공 그리고 좌절 —————————— 50

Chapter 02
본격적인 정치 참여

1. 김대중 정부 시절의 집회 참여 그리고 연설 ————— 56
2. 광장에서 이재명을 만나다 ——————————— 78
3. 여당 대통령 후보가 된 이재명 그리고 0.74% 낙선 —— 86
4. 새만금의 미래에 몸을 던지다 —————————— 94
5. 내가 정치에 적극 참여하는 이유 ————————— 100

Chapter 03
대한민국의 미래 그리고 새만금의 미래

1. 새만금의 과거와 현재 ———————————— 106
2. 왜 다시, 새만금인가 —————————————— 134
3. 앞으로 새만금이 나아가야 할 길 ——————— 139
4. 이승이 바라보는 대한민국의 미래 ——————— 153

정책 브리핑 ——————————————————— 155
핵 오염수에 대한 이승의 입장 ————————— 159

들어
가며

나는 새만금에서 태어나고 자랐다. 새만금의 발전에 힘쓰는 정치인으로서, 해양 전문가로서의 출사표를 던지며 그동안 살아오며 겪었던 나의 이야기를 풀어 써야 할 필요성을 느꼈다.

어찌 보면 이기적이지 못했던 선택이었다고 혹자는 비난할지 모르나 또 한편으로는 내 안에 언제나 끓어오르던 대의를 위한 생이 나의 삶 그 자체였기도 하다.

어렵게 들어갔던 국립해양대학, 특수목적대학에서는 상상하기 어려운 민주화 운동으로 학생회장 직분이 박탈되며 자중할 것을 권고받았지만 전교생들의 뜨거운 요구와 성화에 힘입어 비상대책위원장을 역임하며 끝내 대학에서 제적되었던 경험은 이후 나의 삶을 완전히 바꾸어 놓았다.

사회 초년생으로 서울 용산구 한강로 2가에 창업을 시작하며 카폰,

휴대폰, 삐삐 등 IT 유통 사업을 성공적으로 이끌었지만 시대의 흐름에 적응하지 못하여 사업이 어려움이 처했을 때 직원들을 모두 안고 가겠다는 선택을 내렸던 적이 있다. 기업을 운영하는 대표라면 으레 인정에 이끌리지 않고 냉정한 판단을 해야 했을지도 모르겠지만 당시 나는 가족과도 같은 직원들과 의기투합하여 기업을 다시 일으켜 세우고자 노력했다.

김대중 정부 시절에는 과감한 행정 개혁의 일환으로 인감 제도를 개혁하던 중이었다. 사업 실패 후에 인장업으로 생계를 이어 가던 나는 전국인장업자 단체인 행안부 산하 (사)한국인장업연합회에서 정부의 정책에 반대하는 집회에 참석했다. 당시에는 서울 노원구 지회장 자격이었다. 당시 컴퓨터 인장조각기가 출현하여 기존시장을 위협할 때인데, 간접증명방식의 변화될 인감제도는 인장업 시장을 치명적으로 추락시킬 수밖에 없을 터였다. 말하자면 나의 사업의 사활이 걸린 문제에 직면한 때였다.

옆 나라 일본은 인장업자 단체와 자재상들의 엄청난 자금력을 바탕으로 치열한 정치권 로비전에 인장업자들은 보호를 받는 반면 행정규제개혁에는 발목이 잡혀 있다. 이러한 엄중한 시기에 나는 밥그릇을 지키기 위해 피나는 싸움을 벌일 것인가, 최초 수평적 정권교체의 큰 개혁에 힘을 실어 줄 것인가의 갈등에 시달렸다.

30대 중반의 가장 젊은 지회장인 나는 인장업자 회보에 글도 기고

하고, 당시 활발한 연합회 활동으로 신망이 높은 지회장들 중 한 사람이었다. 결론은 김대중 정부 성공에 힘을 실어 주자는 내 호소력 있는 연설은 당시 참석한 지회장들과 이사들 사이에 가슴을 울렸다는 후문도 들었다. 다시 돌아봐도 당시 내 생업에 손실이 가고 직업조차 위태로워진다는 현실 앞에, 국가 행정 대개혁이라는 대의에 적극 협력한 것은 잘한 일이라고 생각한다. 이는 나의 자부심이기도 하다.

이후 진심을 담아 노사모로 활동하고, 이재명을 만나며 차근차근 정치인으로서의 길을 닦아 왔다. 정치인이 되겠다는 꿈을 가지고 성장해 온 이는 그리 많지 않을 것이다. 다만 나는 나의 삶 곳곳에 용기 있게 의견을 내야 하는 때마다 단 한 순간도 숨거나 도망가지 않았다. 내가 손해 보는 선택임이 분명한데도 사회를 위해, 나라를 위해, 지역을 위해 크게 목소리를 높여 왔다. 그리고 나는 이제 고개를 들어 새만금을 다시 바라본다. 탯줄을 묻고 유년 시절과 학창 시절을 고스란히 보낸 그곳. 나는 새만금의 미래에 마지막 남은 열정을 불태우고자 한다.

추천사

더불어민주당 당대표 **이재명**

"돕는다는 것은 우산을 들어 주는 것이 아니라 함께 비를 맞는 것입니다."

대학에서부터 광장에서, 또 새만금의 해양 전문가로서 우리 사회 진보를 위해 역할을 해 오신 이승 부위원장을 떠올리면 고 신영복 선생의 서화 〈함께 맞는 비〉의 한 구절이 떠오릅니다.

《이승, 도전의 길 – 새만금에서 세계로》에는 그의 굴곡진 인생 역정이 잘 녹아 있습니다. 동학농민군의 후예인 그가 들려주는 가계사(家系史)는 뒤틀린 우리 역사의 아픈 기억이기도 합니다. 새만금의 작은 포구에서 나고 자라 해양 전문가의 길을 걷다 민주화의 격랑 속에 자신을 던진 청년 이승의 이야기는 우리에게 큰 울림을 줍니다.

정치란 공동체의 나아갈 길을 개척하고 나라의 미래를 준비하는 일입니다. 그래서 정치인은 눈앞의 이익보다 타인의 아픔에 공감하고 대의를 고민해야 하는 직업입니다. 이승 부위원장의 다소 고단한 인생 여정을 보며 저 또한 그런 정치의 의무를 다시 되새길 수 있었습니다.

후쿠시마 오염수 문제로 온 국민이 분노하고 있습니다. 정치권에서 보기 드문 해양 전문가로서 이승 부위원장께서 앞으로 해 주실 일이 더 많을 것이라 믿습니다.

더불어민주당 당대표 **이 재 명**

새만금의 아들, 이승 부위원장의 열정을 응원합니다.

더불어민주당 최고위원 **서영교**

이승 부위원장님 책 출간을 축하드립니다.

《이승, 도전의 길 - 새만금에서 세계로》을 통해 새만금에서 태어나 해양 전문가로서 그리고 새만금 발전에 힘쓴 이승 부위원장님의 열정, 경험, 그리고 비전에 감탄했습니다.

손재주가 많고, 한다면 무조건 해내는 성격의 청소년기를 거쳐 해양대학에 진학, 열성적인 학생회장 활동에 이은 제명과 제적 징계 조치까지 불의에 타협하지 않고 대의에 충실하는 삶을 살아온 이승 부위원장,

김대중 정부 시절 (사)한국인장업연합회 노원구지회장으로 국가의 행정 대개혁에 협력함으로써 본격적인 정치 참여를 시작했습니다. 이

후 노무현 장관과의 인연에 이은 노사모 활동과 정당 활동, 박근혜 탄핵시위 시 만난 이재명 성남시장과 뜻을 함께해 현재에 이르렀습니다.

 이 책을 통해 새만금의 역사와 새만금의 잠재력을 확인하고, 새만금 사업이 대한민국에 활력을 가져와 국가 발전에 획기적인 전기를 마련하게 될 것이라 기대합니다.

 감사합니다.

더불어민주당 최고위원
서울 중랑(갑) 국회의원 **서 영 교**

"불의보다는 대의를,
포기보다는 도전을, 타협보다는 투쟁을"

더불어민주당 최고위원 **장경태**

굴복과 좌절보다 희망을 향해 달려 나가는 끈기, 고난과 역경을 헤치고 다시 일어나는 "오뚝이 이승"을 만날 수 있었습니다. 자신의 생업과 삶과 업이 위협받음에도 불구하고, "옳음"을 가치로 용기 있는 선택들을 보며 많은 것을 깨닫게 됩니다.

인간 '이승'의 삶을 다루며, 동시에 새만금을 중심으로 대한민국의 미래에 대해 생각해 보는 시간을 제공합니다. 새만금이 가지고 있는 성장 동력, 무궁한 가능성, 균형 발전 등 다양한 가치를 분석하고 앞으로 정치가 나아가야 할 방향성을 제시해 주고 있습니다.

사회를 위해, 나라를 위해, 그리고 새만금을 위해 끊임없이 목소리를 내는 "오뚝이 이승"과 함께 변화하고 발전하는 새만금의 모습을 기대하겠습니다.

한 사람의 용기 있는 선택이 나라를 바꾸고, 시민의 삶을 바꾼다고 믿는 사람들께 책을 권합니다.

더불어민주당 최고위원
동대문구(을) 국회의원 **장 경 태**

저자 이력

이승

전북 김제 1966년 출생

심창초등학교 34회 졸업

만경중학교 32회 졸업

만경고등학교 29회 졸업

국립목포해양대 3년 제적 (학생회장)

현) - 더불어민주당 중앙당 해양수산특별위원회 부위원장

　　- 더밝은미래포럼 공동대표

　　- 새만금비전연구원장

　　- 통일부 산하 (사)공정평화통일국민연대 지도위원

전) - 이재명 국회의원 보궐선거(계양을) 시민참여 본부장

　　- 제20대 이재명 대선후보 시민캠프 총괄상황본부장

　　- 제20대 이재명 대선경선후보 직능플랫폼본부 공동본부장

- 제19대 이재명 대선경선후보 공정캠프 민원실장

- 제19대 이재명 대선경선후보 서울공정포럼 공동대표

- 재경 노원, 김제향우회 회장

- 국립목포해양대 재경 총동문회 동기회장 및 이사

■ 새만금비전연구원
- 해양산업비전
  ◇ 국제복합물류항만
  ◇ 조선 및 선박수리 특화
  ◇ 식품 콜드체인특화항
  ◇ 요트산업의 메카, 마리나항. 해양레저, 스포츠
- 컨벤션산업비전
  ◇ 국제컨벤션센터. 해양, 문화관광, 쇼핑
- 농생명 바이오산업 비전
  ◇ 수출입 임가공산업
- RE100 신재생에너지특구 산업단지 비전

Chapter 01

나를 만들어 준 것은
도전들이었다

1.
학창 시절의 이야기

동학농민운동 몰살 집안의 자손

나는 1966년 10월 10일 전라북도 김제시 진봉면 고사리 852번지 인향마을에서 태어났다. 우리 집안은 1894년 동학 농민 혁명 몰살 집안이다. 그래서 아버지는 물론 할아버지도 그러한 우리 집의 역사와 내력에 대해 자부심을 가지고 계셨다. 자신의 피를 이어받은 자손들에게 선조가 뜨겁게 싸워 일군 역사에 대해 반드시 알아야 한다고 믿으셨다.

집안의 어르신들에게 들어 온 동학농민운동 이야기를 설명하기에 앞서 동학농민운동에 대한 간략한 내용과 역사적 의의를 짚고 넘어가 볼 필요성이 있다. 동학농민운동은 1894년(고종 31년) 전라도 고부의 동학접주 전봉준(全琫準) 등을 지도자로 동학교도와 농민들이 합세하여 일으킨 농민운동이다. 이 운동은 처음 교조 최제우(崔濟愚)의

신원운동(伸冤運動)을 통하여 정치운동으로 성장하고 뒤에 민란과 결합하여 동학농민운동으로 전개되었는데, 황현(黃玹)이 "동학이 난민과 합쳐졌다"라고 표현한 것은 이 경우를 가리킨 것이다.

동학농민운동에 있어서 동학은 농민의 요구를 횡적으로 연결시킨 조직적 매개체의 역할 또는 단순한 종교적 외피에 지나지 않는다는 견해도 있지만, 이는 사상적 계기 또는 농민운동의 지도원리로서의 동학의 역할을 지나치게 과소평가한 것이다.

동학은 문제의 해결을 개인의 내면적 구제에서 구하려고 하는 종교적 성격과 국가의 보위와 농민구제활동을 철저히 하려는 정치운동의 성격을 아울러 지니면서 역사적으로 전개시켜 나간 것이라 볼 수 있다.

동학농민운동은 전라도 고부군에서 일어난 민란에서 비롯되었다. 전라도는 물산이 풍부한 곡창지대로 국가재정도 이 지역에 크게 의존하고 있었을 뿐만 아니라 조선 전 시대에 걸쳐 수탈의 대상이 되어 농민들은 항상 탐관오리의 가렴주구에 시달리고 있었다. 1894년 2월 10일 고부군수 조병갑(趙秉甲)의 지나친 가렴주구에 항거하는 광범한 농민층의 분노가 폭발하여 민란이 일어났다.

민란의 직접적인 불씨가 된 것은 만석보(萬石洑)의 개수문제에 따르는 수세징수사건에서 비롯되었다. 1892년 말 고부군수로 부임해 온 조병갑은 탐관오리의 전형적인 인물이었다. 그는 기회가 되는 대로 갖가지 명목으로 수탈을 자행하였는데, 농민에게 면세를 약속하고 황무지 개간을 허가하여 주고도 추수기에 강제로 수세(收稅)하였다.

또한 부민(富民)을 체포하여 불효·불목·음행·잡기 등의 죄명을 씌워 그들의 재물을 강제로 빼앗은 것만도 2만여 냥(兩)에 달하였으며, 자기 아버지의 공덕비를 세운다고 강제로 거둔 돈이 1,000여 냥이나 되었고, 대동미를 정미(精米)로 받는 대신 돈으로 거두고 그것으로 질이 나쁜 쌀을 사서 상납하여 그 차액을 착복하기도 하였다.

특히 만석보는 농민들의 노동력을 동원하여 동진강(東津江)에 건설한 수리 시설로서 이를 이용하고 있던 농민들에게 받는 수세(水稅)가 너무 과중하여 자주 그 경감을 청원한 바 있었다.

그런데 조병갑이 새로 군수로 부임해 오자 여기에 덧붙여 강의 하류에 필요하지도 않은 신보(新洑)를 쌓게 하고 이를 이유로 농민들에게서 고율의 수세를 징수함으로써 700여 섬이나 착복하였다.

1893년 12월 농민들은 우선 억울한 사정을 민소(民訴)의 형식으로 군수에게 진정하기로 하고, 동학접주 전봉준을 장두(狀頭)로 삼아 군수 조병갑에게 두 차례에 걸쳐 호소하였으나 받아들여지지 않았다. 그러나 전봉준은 동학접주인 동지 20명과 함께 각 마을 집강(執綱)에게 보내는 사발통문(沙鉢通文)을 작성하여 봉기를 맹약하였다.

그와 동시에 고부군 서부면 죽산리송두호(宋斗浩)의 집에 도소(都所)를 정하고 ① 고부성을 격파하고 군수 조병갑을 효수할 것, ② 군기

창과 화약를 점령할 것, ③ 군수에게 아유(阿諛 : 아첨)하여 인민을 침어(侵漁)한 탐리(貪吏)를 격징(擊懲)할 것, ④ 전주영을 함락하고 경사(京師)로 직향(直向)할 것 등의 4개 항을 결의하였다.

이듬해인 1894년 2월 10일 전봉준은 김도삼(金道三)·정익서(鄭益瑞)·최경선(崔景善) 등과 함께 봉기하여 고부군아를 습격하고 불법으로 수탈되었던 수세미(水稅米)를 되찾아 농민에게 돌려주는 동시에 일단 해산하였다.

고부군수 조병갑은 간신히 난을 피하여 전주에 이르러 전라감사 김문현(金文鉉)에게 보고하고, 김문현은 이를 다시 정부에 알리게 되었다. 정부에서는 김문현의 보고에 의하여 조병갑의 죄상을 알게 되자 그를 체포하여 파면하고, 새로 박원명(朴源明)을 고부군수로 임명하고 이용태(李容泰)를 안핵사로 삼아 사태를 수습하게 하였다. 하지만 안핵사 이용태는 사후 처리를 동학교도 탄압의 기회로 삼아 온갖 악행을 자행하여 그들의 격분을 샀다.

크게 1894년 음력 1월의 고부 봉기(1차)와 음력 4월의 전주성 봉기(2차)와 음력 9월의 전주·광주 궐기(3차)로 나뉜다.

고부 봉기는 1894년 2월 15일(음력 1월 10일) 탐학한 고부군수 조병갑의 탐학에 고부군의 동학도들과 농민군들이 쟁기와 낫 등 농기구를 들고 집단으로 무장 시위를 벌인 것이다. 이들의 움직임은 곧 중

앙정부의 탐관오리들에 대한 분노로 향했다. '보국안민'과 '폐정개혁'을 기치로 내건 농민들의 기세가 걷잡을 수 없이 전국적으로 확산되자 대원군은 이 기회를 이용, 동학농민군과 접선하여 손자인 이준용을 추대할 계획을 세운다.

1886년 흥선대원군은 민씨 정권이 〈조약〉을 체결하자 불만을 품은 위안스카이(袁世凱)와 결탁하여 장남 이재면(李載晃, 고종의 형, 완흥군/흥친왕)을 옹립하고 재집권하려다가 실패하고, 1894년 동학혁명이 일어나자 농민 세력과도 연합하려 하였다. 하지만 이것은 동학농민운동이 실패로 돌아가 실현되지 못하였다. 동학군 중에는 전봉준과 같이 대원군의 문하에 출입하던 인물들도 있었고, 폐정개혁과 대원군 추대, 민씨 외척세력 척결과 개화파 척결을 외치는 목소리도 강력했다. 대원군과 이준용은 민씨 정권의 부패정치와 지방에 파견된 탐관오리들에 대한 반발을 주목했다.

한편 정부에서 안핵사(按覈使) 이용태를 보내 이들을 위로하고 탐관오리들을 처벌할 것을 약속하자 고부군의 동학군은 해산하였다. 하지만 안핵사 이용태마저 백성들을 배신했다.

1894년 4월 전봉준은 김기범(金箕範)·손화중(孫華中)·최경선(崔敬善) 등의 동학접주들과 함께 무장현(茂長縣)에 모여 민간에 포고하여 이번의 거사는 탐관오리의 숙청과 보국안민에 있음을 천명하는 창의문을 발표하였다.

전봉준·손화중·김개남의 이름으로 된 '무장동학포고문'으로도 불리는 이 창의문에서 과감히 봉기할 것을 요청하자 근방의 10여 읍에서 이에 호응하고, 10여 일 만에 1만여 명이 동원되었다. 동학교도와 농민과의 결합은 이때부터 비롯되었고, 전봉준은 동학농민군의 지도자로 봉기의 앞장서게 되었다.

전봉준은 같은 해 4월 말 고부·흥덕·고창·부안·금구·태인 등 각처에서 봉기한 동학농민군을 김개남과 모의하여 고부 백산(白山)에 집결시켰다. 여기서 항전의 대오를 갖추게 된 후 전봉준이 동도대장(東徒大將)으로 추대되고 손화중·김개남이 총관령(總管領)으로 그를 보좌하게 하였다.

전봉준은 우선 창의의 뜻을 천명하는 4개 항의 행동강령인 ① 사람을 죽이거나 재물을 손상하지 말 것, ② 충효를 다하여 세상을 구하고 백성을 편안히 할 것, ③ 일본 오랑캐를 내쫓아 성도(聖道)를 밝힐 것, ④ 군사를 거느리고 입경하여 권귀(權貴)를 모두 죽일 것 등을 선포하였다. 그리고 창의의 뜻을 밝히는 또 다른 격문을 작성하여 농민들의 적극적인 호응을 요청하였다.

무장·백산에서의 봉기는 지역적인 민란의 성격을 지양하고 이제는 반침략·반봉건을 지향하는 외세와 집권층에 대한 도전이며 개혁운동으로 전개되기에 이르렀다. 5월에 들어서면서 전봉준이 이끄는 동학농민군이 부안관아를 점거하였다는 소식이 전해지자, 전라감사 김문현은 영장(營將) 이광양(李光陽)과 초군(哨軍) 이재섭(李在燮) 등에게

명하여 별초군 250명과 보부상으로 편성된 관군을 이끌고 부안 방면의 동학농민군을 진압하게 하였다.

한편 동학농민군은 고부의 황토현(현재의 전라북도 정읍시 덕천면)에서 4월 7일(양력 5월 11일) 전주감영군을 격파했다. 이에 크게 놀란 조정에서는 전라도 병마절도사 홍계훈을 초토사로 임명하여 봉기를 진압하도록 하였다. 정읍, 흥덕, 고창, 무장 등을 점령한 동학농민군은 4월 23일(양력 5월 27일), 장성 황룡촌 전투에서 홍계훈이 이끄는 정부군을 상대로 승리하였다. 4월 27일(양력 5월 31일) 농민군은 전주성으로 입성하였다.

1894년 3월 21일 고부에서 봉기한 지 석 달, 전주성을 점령한 농민군은 청, 일에게 군사 주둔 빌미를 주지 않기 위해 갑오개혁의 시작되는 〈전주화약〉을 맺고 해산했다.

사태가 확산되자 고종과 왕비는 당황해하였다. 고종과 민씨 세력은 청나라에 원병을 청하였고, 청이 이에 응하자 일본 역시 톈진 조약을 빌미로 군대를 동원하였다. 이처럼 외세가 개입하자 농민군과 관군은 회담을 통해 화의를 약속하고 싸움을 중단하였다.

하지만 조선에 진주한 청, 일 양국군은 돌아가지 않았다. 일본은 청에게 조선의 내정 개혁을 함께 실시하자고 제의하였지만 청은 이 제의를 거절했다. 그러자 일본은 불법으로 조선 궁궐 경복궁을 침범(갑

오왜란)해 명성황후 민씨 정권을 몰아내고 흥선대원군을 앞혀 꼭두각시 정권을 탄생시켰다. 김홍집, 어윤중, 박영효, 서광범 등을 중심으로 한 제1차 김홍집 내각, 즉 친일 내각은 일본공사 오토리의 입김 아래 일련의 개혁조치를 취했다. 이것이 조선 정부와 동학농민군이 맺은 자주적인 개혁 전주화약을 간섭한 친일내각의 갑오개혁이다.

그 뒤 개혁 추진 기구로서 전주화약 당시에 설치된 교정청을 폐지 이후 군국기무처가 설치되었고, 교정청 출신인 김홍집이 중심이 되어 내정 개혁이 단행되었다.

일본은 이처럼 단독으로 조선의 내정 개혁을 단행함과 동시에 조선에 주둔하고 있던 청나라군을 공격하여 승리한 뒤 정식으로 청에 선전포고를 하였다. 7월에 시작된 청일전쟁은 두 달 만에 구미 열강의 지지를 등에 업은 일본의 승리로 끝났다.

청일전쟁에서 승리한 일본은 그때부터 본격적으로 조선 정복을 위해 내정 간섭을 실시하였다. 이 때문에 해산되었던 동학농민군이 외세배격에 기치를 내걸고 다시 소집되어 대일 농민전쟁을 감행했다.

봉기한 동학농민군 제1대는 전봉준의 지휘하에 공주성으로 다가들었고, 제2대인 김개남의 지휘하에 청주병영으로 진격했다. 농민군의 최종 목표는 서울로 쳐들어가 부패한 정치가들과 외세를 몰아내고 나라를 바로잡는 데 있었다. 교조신원운동에서 고부 봉기, 그리고 제2차 봉기까지 전봉준과 농민군은 오직 그 날을 위해 달려갔다. 하지만 관군과 일본군의 화력에 밀린 농민군은 그해 12월 패배하여 동학농민군의 봉기는 실패로 돌아가고 말았다.

금구·원평 방면으로 후퇴하였던 전봉준은 정읍을 거쳐 순창으로 들어가 몸을 숨기고 김덕명(金德明)·최경선(崔慶善) 등과 재기를 다짐하던 중 1894년 12월 30일 밤 불의의 습격을 받아 관군에게 잡혀 서울로 압송되었다. 이듬해 4월 23일 전봉준은 김덕명·성두환(成斗煥)·최영남(崔永男)·손화중 등 동지들과 함께 교수형을 받고 최후를 마쳤다.

고부민란으로부터 1년여에 걸쳐 전개되었던 동학농민운동은 결국 실패하였으나, 여기에 참가한 동학농민군은 뒤에 항일의병항쟁의 중심세력이 되었고, 그 맥락은 3·1독립운동으로 계승되었다는 배경[1]을 먼저 이해할 필요가 있겠다.

불의에 맞서는 피를 물려받다

할아버지의 고향은 전남 영광이다. 동학혁명 과정에 우금치 고개에서 퇴각해서 일본 관군이 개입하고 청나라가 개입하면서 3족이 멸해졌다. 증조모가 조부를 데리고 간신히 피신하게 되었다고 한다. 따라서 증조부와 형제는 족보에서도 몰살된 것을 확인할 수 있다. 고창 부

---

1 출처 : 한국민족문화대백과사전

안을 경유해서 어렵게 나온 것이기 때문에 증조모가 할아버지를 데리고 힘겹게 생활을 이어 오게 됐다.

　이러한 역사를 반드시 알아야 한다는 할아버지의 교육관 덕에, 할아버지는 나를 6살 때 영광에 직접 데려가셔서 선조들의 역사에 대한 이야기를 들려주셨다. 당시에 어렸던 나는 모든 상황에 대해 이해하지는 못하였지만 나의 뿌리에 대해서 진지하게 말씀하시며 손을 꼭 쥐어 주시던 할아버지의 뜨거운 온기만큼은 기억에 남는다. 우리 가족들은 명절이나 가족 행사가 있을 때면 동학농민운동 이야기를 언제나 나누었다. 친척들도 이와 관련한 이야기도 자주 들려주셨기에 나의 뿌리와 선조들에 대한 일종의 자부심으로 남아 있다.

　혁명가는 탄생하는가, 혹은 만들어지는가? 이러한 질문에 대해서 명확한 답을 내리기는 어렵다. 하지만 나는 둘 다라고 생각한다. 나라가 어려운 상황마다 손을 걷고 나섰던 선조들의 피가 나에게는 흐르고 있다. 행동하는 사람들이 이 세상을 바꿔 왔고, 나라를 이끌어 왔다. 내가 보고 들은 할아버지, 그리고 그보다 더 먼 선대의 조상님들의 이야기는 내가 자라는 내내 나에게 지대한 영향을 주었다. 자연스럽게 나는 불의에 목소리를 내고, 누구보다도 먼저 나서서 행동하는 사람으로 자란 것이다. 그렇게 나는 세상을 바꾸고 싶은 소망을 가진, 바꿀 수 있는 힘을 가진 사람으로 성장하게 되었다.

손재주가 많았던 나의 어린 시절

나는 손재주가 많은 아이였다. 그중에서도 팽이치기를 특히 잘했다. 뭔가를 하나 하면 집중력 있게 하는 스타일이었다. 어찌 보면 이후 인장업을 하게 되는 것 또한 이러한 학창 시절에서 재능을 발견했다고도 할 수 있다. 겨울이 되면 썰매도 만들고, 연도 만들었다. 내가 만든 제품들은 전문가가 만들어서 판매하는 상업적인 제품과 비교는 할 수 없지만 만듦새가 좋은 것으로 동네에선 소문이 나서 나중엔 판매까지 할 정도로 인기가 많았다.

중학생 때 이런 일도 있었다. 전기가 보급되기 시작할 시점이라서 스위치 수요가 높던 상황이었다. 당시만 해도 지금의 현대식 가옥이 대부분인 것과 달리 많은 가정들은 초가집에 거주하고 있었다. 오늘날 우리나라의 덥고 습한 기후를 이기기 위해서는 손쉽게 에어컨을 틀면 되지만, 당시 초가집은 여름에 많이 습했다. 또한 장마가 이어지고, 습도 조절이 어려운 초가집에서 전기가 보급되는 초반의 상황에는 누전 또한 심하다는 위험이 있었다. 지금은 스위치로 간편하게 전등의 전원을 켜고 끄지만 그 당시에는 직접 전구를 잡고 꺼야 했다. 70년대 드라마에 나오는 스위치식 전등을 떠올리면 이해가 쉽다. 그러다 보니 젖은 손으로 전선을 만지게 될 일이 잦고, 누전 사고도 심심치 않게 발생하곤 했다. 와중에 손재주가 있던 나는 머리맡에 스위치를 설치하는 방법을 배워 와서 집에 스위치를 달았다. 이 또한 금시에 소문이 동네에 퍼졌고, 옆집부터 시작해서 동네 모든 집들이 나에게 스위치 설치를 부탁해 왔다. 하나씩 설치를 돕다 보니 어느새 마을 전체 스위치는 내 작품이 되었다.

  지금은 체력장 문화가 많이 사라졌지만, 나의 학창시절 당시에는 중3부터 고3까지 매년 체력장을 봐야 했다. 체력 검정을 하고 나면 도장을 찍어야 하는 것이 필수 과정이라서 당시 도장의 수요가 매우 높았다. 인장을 전문적으로 만드는 업자가 당시에도 있긴 했지만 워낙 소수였고, 전교생의 수요를 감당하기에는 작업 속도가 느리기도 했다. 전문가이다 보니 학생들 입장에서는 금액적인 부담도 있을 수밖에 없다. 더구나 매년 필요한 도구임에도 불구하고 청소년들은 특성상 이를 잘 간직하기보다는 잃어버리기 일쑤였고, 때문에 도장에 대한 수요는 언제나 일정하게 있었다. 손재주가 좋던 나는 도장도 심심풀이로 종종 만들어 보곤 했기에 처음엔 내가 필요해서 했던 일이 나중에는 판매로 이어졌다. 방학 때 미리 주문을 받아서 도장을 파서 판매했었고, 한 학년에 300명 정도씩 되는 당시 학생들에게 모두 도장을 만들어서 판매했다. 지금이야 도장을 만드는 칼 등이 용도별로 구비되어 있지만 당시에는 면도칼로만 수백 개의 인장을 파냈었다. 용도에 맞는 도구를 사용한 것이 아니라 지금 조각도를 사용하는 것보다도 훨씬 섬세한 작업이었다.

한다면 무조건 해내는 성격

당시 나는 공부보다는 만들기나 농구, 탁구, 복싱처럼 몸을 움직이길 워낙 좋아하는 학생이었다. 공부를 게을리하지는 않아 언제나 중상위권을 유지했지만 그래도 언제나 재미를 보던 것은 움직이는 일들이었다. 고등학교 1학년 2학기부터 대학에 진학해야 한다는 것을 깨닫게 됐다. 이후 공부에만 전념하였다. 처음에는 어렵게만 느껴지던 공부에도 재미가 붙었다. 엉덩이를 붙이고 앉아만 있는 것이 곤욕스러울 것이라고 생각했지만 꼭 그런 것만은 아니었다. 공부를 할수록 실력이 상승하니 또 성적 올리는 데에 흥미를 느껴서 그 당시 시골 고등학교에서 상위권 성적을 유지했다. 특히 재미있게 즐겼던 과목인 화학이나 프랑스어는 항상 만점을 받아서 옆 학교까지 소문날 정도였다. 지금 다시 돌아보면 그때나 지금이나 무언가 하나를 하면 끝을 볼 정도로 열정적으로 임하는 자세는 타고난 것 같기도 하다. 지금까지도 그런 자세가 이어지고 있으니 말이다.

당시에는 제2외국어로 지금처럼 중국어 등이 인기가 많은 시기는 아니었다. 독일어나 프랑스어 정도가 가장 일반적이었고 점수 확보를 유리하게 하기 위해서 프랑스어를 선택했었다. 이과 과목은 대체적으로 공부를 잘했다. 그 결과 대학 입시에도 좋은 성적을 낼 수 있었다. 여러 곳에 원서를 넣었고 4년제 학교도 합격을 했지만 결국 가기로 결정한 것은 국립목포해양대학이었다. 해양대학은 국립대학이라 제복을 입고 먹여 주고 재워 주고 입혀 주는 해기사를 양성하는 대학이다. 따라서 나라의 세금으로 운영되며, 간부 선원을 양성하는 대학이라는 점이 매력적으로 느껴졌다.

해양대학으로의 진학

학교에서 7명이 지원했는데 유일하게 내가 합격하게 되었다. 어찌 보면 운이 좋았고 또 한편 나의 노력의 결실을 얻은 것이기도 했다.

해양대학은 많은 사람들에게 낯선 곳이라 조금의 설명을 덧붙여 보겠다. 국립목포해양대학교는 부산에 위치한 한국해양대학교와 더불어서 한국에서 상선사관(해기사)을 양성하는 대학교 두 곳 중 하나이며 해군, 해병 학군단을 선발하는 학교 중 하나이다. 1950년 4월 설립된 목포수산상선학교가 전신으로, 항해과 15명의 학생으로 출발하였다. 현재는 목포시의 4년제 국립대학이며 신입생의 입학정원이 해사대학 525명, 해양공과대학 166명으로 총 691명뿐인 2개의 단과대학만으로 이루어져 있다.

목포해양대학교는 한국해양대학교와 대한민국 해운업의 양대산맥을 이루고 있다. 주요 진출은 졸업 후 승선취업이나 해양 관련 공무원으로 해양수산부, 지자체, 해양 관련 기관, 해양경찰 요직에 많은 동문들이 자리 잡고 있다. 그중에서도 내가 진학한 것은 해사대학이었다. 목포해양대의 간판대학이자, 다수대학이자, 타 지역의 수험생들이 목포해양대를 알게 되는 주된 이유이다. 원래부터 비슷한 특성을 가진 해상운송시스템학부(항해과)와 기관시스템공학부(기관과)를 해사계열이라 통칭했으며 이후 단과대학제가 채택되면서 해사대학으로 불리게 되었다. 해군사관학교의 해사(海士)와 많이 혼동을 하는데 해사대학의 해사는 바다해(海)와 일사(事)이다. 해양대학은 군사 훈련을 동시에 받기 때문에 학교 생활이 힘들고 선후배 관계도 엄격한 편이었다. 이 때문에 한국 해기사들의 자질이 전 세계적으로도 아주 우수하기도 하다.

UN 산하 국제 해사기구(International maritime organization) 대형 상선을 운항할 수 있는 면허를 취득하여 해기사가 될 수 있다. 국제선과 국내선, 해외선도 운항할 수 있어야 이 면허를 발급받을 수 있다. 그러기 위해서는 국제적 기준의 커리큘럼을 이수해야 하고 일정 톤수 이상의 대형 선박실습 또한 포함되어 있었다. 당시 기준으로 목포와 부산이 IMO 기준에 충족되는 학과 과정을 비롯해 실습 과정을 포함한 프로그램이 있어서 70년대 파독 광부, 간호사를 합친 것보다 마도로스(외항선원)가 4배 정도 수입이 많았던 일종의 엘리트 직업이었다. 잘 알려져 있지는 않지만 외화벌이가 중요했던 시기라서 산업화 초기에 큰 주춧돌을 세웠다고 할 수 있다. 1970년대 기준으로는 교사 초봉의 10배를 받았던 직업이기도 했다. 그만큼 수요도 높고 전문성이 요구되는 직업이었다는 의미이다. 1980년대에는 6~8배 정도로 여전히 고임금 직업이었다. 지금은 큰 월급 차이가 없지만 그래도 고소득이다. 육해공 외에 상선이 군사 전략 물자를 수송하는 역할을 전쟁 시에 수행하기 때문에 제4군으로서 국가에서 보호하고 있는 영역이기도 하다.

목포해양대의 경우 제복은 국비로 지원되기 때문에 입학 시 무료로 지급된다. 제복을 입고 생활을 하며 꽤나 빡빡한 일정표에 따라서 학교생활을 한다. 기본적으로 상선사관을 육성한다는 목적하에 세워진 학교이기 때문에 승선생활관에서의 기숙 생활을 해사대학 학생 전원이 해야 하며 생활 전반에 있어서 신경 써야 할 것이 많고 제약이 따르는 편이다. 제복을 입고 경례를 하는 것이 대표적이다. 이 외에도 아침저녁마다 인원점검, 조별과업 시 구보, 특별훈련, 외출 시 상륙 신고, 복장 점검, 위생 점검, 생활 교육 등 일반 대학 생활과는 다른 점이 있으나 기본적으로 승선생활관에서는 자신만의 여유를 누릴 수 있다. 단, 매달 공지되는 불시점검이 있을 수 있어 방심하다 과실점 및 주말에 특별훈련을 받게 되기도 했다.

이러한 비전을 높게 평가하여 해사 대학에 진학하여, 학생회장도

하는 등 대학 생활에 열심이었지만 대학 3학년, 나의 인생을 바꿔 놓는 일생일대의 사건이 생기며 나는 대학에서 발을 떼게 된다. 단순히 이때의 사건은 나의 삶의 방향을 바꾼 것뿐만이 아니라 앞으로 어떤 삶을 살아가야 할지에 대한 나침반과 같은 역할을 했다고 생각한다. 당시 민주화 운동 역사 속에서도 의미 있는 사건이자, 발자취로 남아 있는 일이다.

2.
대학 학생회장과 제적

해양인 최초 의사자, 심경철 의인

　2001년 1월 15일 경남 거제도 인근 해상에서 승선한 유조선이 폭발하여 침몰 중 수영을 못하고 구명복을 입지 않은 실습항해사 2명에게 본인의 목숨이나 다름없는 구명부표를 던져 주고 맨몸으로 혹한기 겨울 바다를 헤엄쳐 표류 중 사망하는 사건이 발생한다. 이 사망자는 대학 9년 후배인 심경철이었다. 의로운 일을 했지만 당시에는 의사자로 인정을 받지 못했고, 이후 우리나라 해기 선언 최초로 의사자로 선정되었다.

 심경철 의사자는 1998년 목포해양대학교를 졸업하고 2급항해사로 승선 중이던 2001년 1월 15일 거제 남녀도 해상에서 유조선(SK해운) P-하모니의 알 수 없는 폭발사고로 사망했다.

 심 의사자는 배가 침몰하는 순간 구명복을 착용하지 못한 여성 실습생 2명을 위해 자신의 구명기구를 던져 구하고 자신은 맨몸으로 혹한의 겨울 바다에 뛰어내렸다가 사고를 당했다.

 위급한 상황에서 타인의 생명을 구하다 희생된 심경철 의사자는 2001년 9월 의사자 확정을 받고 2007년 10월 국립대전현충원 의사상자 묘역에 안장됐다.

– 중앙보훈방송 2017.11.30.
http://jbctv.net/news/view.php?idx=792

사건이 발생하고, 후배가 의사자로 인정받지 못하는 것에 대해 인정할 수 없었던 나는 민주 청년 동문회를 당시에 최초로 설립했다. 첫 과제로 의사자 불인정을 의제로 2000년대 초기 인터넷 보급 당시에 사이버 시위를 했다. 지금은 사이버 시위가 흔하고 일반적인 개념이 되었지만, 당시로써는 획기적인 시위 방법이었다. 사실상 최초의 사이버 시위를 기획했다고 볼 수 있다. 당시 행정 심판 중 정부 게시글이나 해양수산부 홈페이지 게시글에 심경철의 내용을 알리고자 하는 활동으로 의사자 심경철을 만드는 데 큰 역할을 했다. 나에게는 일종의 자기희생적 시위이기도 했다. 지금도 〈목포해양대학교 청년동문회〉를 검색하면 나의 이름이 함께 뜬다.

〈대전현충원이 고지한 심경철 의사자의 공적서〉

1975년 7월 서울에서 출생한 심경철 의사자는 1998년 목포해양대학교를 졸업하고 SK해운 소속 유조선 피하모니(5,500톤)호에 2등 항해사로 근무 중 2001년 1월 15일 오전 10시경 거제 남여도 부근 바다를 항해하던 중 선수중앙부에서 원인을 알 수 없는 의문의 폭발이 2차례 발생한다. 16명의 선원 중 폭발로 1등 항해사 등 4명은 현장에서 사망하고 나머지 선원들은 급하게 구명정을 내렸지만 바람을 타고 불길이 구명정으로 옮겨붙었고, 플라스틱으로 된 구명 뗏목을 펼쳤지만 파도가 솟구치며, 불길이 물을 타고 구명 뗏목을 때리자 구명 뗏목이 녹아내리며 형체를 잃어갔다. 수면의 불길은 기름띠를 타고 거침없이 퍼져 나갔고, 구명재킷을 착용한 선원들은 먼저 바다로 뛰어내렸다.

이때 수영을 하지 못하는 2명의 여자실습생과 선장을 발견한 심경철 의사자는 자신이 들고 있던 개인구명 장비인 구명튜브를 여자실습생들이 있는 쪽으로 던져 주고 자신은 구명장비 없이 곧바로 물속으로 뛰어들었다.

여학생들과 선장은 심경철 의사자가 던져 준 구명튜브에 40여 분간 의존해 있다가 선장은 차가운 수온과 거친 파도에 기력이 다하여 끝내 실종되었고, 여학생 두 명은 구명정에 의해 구조된다. 이 날 사고로 16명의 선원 중 9명이 사망하고 7명만이 살아남았다.

심경철 의사자는 개인구명장비 없이 맨몸으로 혹한의 바다에 뛰어내려 수영하다가 차가운 해수에 지쳐 결국 순직하였다.

위급한 상황에서 타인의 생명을 구하고 산화한 심경철 의사자는 2001년 9월 해양인으로는 최초로 의사자 확정을 받았다. 심경철 의사자의 모교인 목포해양대학교 총동창회에서는 해양인으로는 처음 의사자 확정을 받는 고인의 업적을 기리고 추모하기 위해 2006년 10월 순직선원위령탑 경내 입구에 '故 심경철 의사자 추모비'를 설치하여 추모하고 있으며, 정부는 숭고한 희생정신을 몸소 보여준 고인을 2007년 10월 14일 국립대전현충원 의사상자 묘역-4호에 안장하여 고인의 공훈을 기리고 있다.

- 해사신문 2017. 12. 12
http://www.haesanews.com

요즘은 의로운 행적이 확인되면 의사자로 인정받는 게 그리 어려운 일이 아니지만, 의사상자 제도가 안착하기까지 초기에는 몹시 고단한 과정이 있어야만 했다. 어떤 대학생이 여름방학 학원 아르바이트 때문에 물놀이를 갔다가 아이들을 구하고 사망하였는데도 무려 2년이 넘는 소송 끝에 겨우 확정받은 경우도 있었다.

그것은 법률상 '직무와의 관련성' 때문이었는데, 의인 심경철 항해사를 의사자로 확정받음으로 인해 드디어 직무와의 관련성보다는 실제 '의로운 행위'를 우선으로 판단하는 기준을 세우게 되었다.

세월호 참사와 관련된 의인들이 발굴되는 과정에서 초기에 발생한 혼란을 극복하고 계약직 교사들을 포함하여 모두가 의사자로 인정받을 수 있었던 것은 결국 내가 다루었던 심경철 의인의 사례가 크게 작용했다고 볼 수 있다.

청년 동문회 대표였던 나는 이후 심경철 항해사 관련 의인 장학회 설립, 추모비 설치, 추모집 발간 등 일련의 추모사업을 진행하였으며 모든 의인들을 현충원 등 국립묘지에 안장할 수 있도록 국립묘지법의 올바른 제정운동도 힘차게 추진하였다.

왜냐하면 당시, 강력한 사회여론에 따라 의인들을 국립묘지에 안장하도록 국립묘지법이 여야에 의해 사상 처음으로 국회에 제출되었는데 안타깝게도 일본 지하철 이수현 님이나 남극 세종 기지 전재규 님 등 '스타급 의인'들만 안장하겠다는 제정안이었기 때문이었다.

나는 유가족을 도와 이에 대하여도 강력히 이의를 제기하여 드디어 모든 의사자들이 아무런 차별 없이 국립묘지에 안장될 수 있도록 바꿔내고 1년여의 투쟁 끝에 마침내 2007년 10월 14일 의인 심경철 항해사 님의 안장식을 국립 대전 현충원에서 치러낼 수 있게 되었다.

세계의 대양을 누비는 해기사로서 풍운의 꿈을 안고 성실하게 학창시절을 보내던 와중, 대학교 3학년 1학기에는 학생장을 박탈당하는 일이 발생한다. 1987년 6.29 선언[2]이 있던 전두환 말기 시절의 일이다. 당시 전두환 씨는 대통령을 연임하려다가 저항에 부딪혔다. 호헌철폐[3]를 외치며 87년도 대학가에서 민주화 운동이 치열하게 전개되

---

2 6·29 민주화선언은 1987년 6월 29일 대통령 후보였던 노태우 민주정의당 대표위원이 당시 국민들의 민주화와 직선제 개헌요구를 받아들여 발표한 시국 수습을 위한 특별선언이다. 전두환 대통령의 도덕성·정통성 결여를 지적하는 직선제 개헌요구와 전두환의 4·13 호헌 조치가 첨예하게 대립하는 상황에서 나온 선언이다. 민주헌법쟁취국민운동본부는 대규모의 가두 집회로 대항했고 박종철 고문치사사건이 터지면서 경찰력이 마비되고 군대 투입설까지 나도는 국면이 전개되었다. 이에 노태우는 8개 항의 민주화조치를 발표하였고, 이로써 신군부의 군사독재를 청산하는 전기가 마련되었다.

3 4·13 호헌 조치(4·13 護憲 措置)는 1987년 4월 13일, 전두환 대통령이 취한 조치이다. 일종의 특별 선언이기도 하다. 말 그대로 "현행 헌법을 유지한다"(보호한다, 수호한다, 지키겠다)라는 의미를 담고 있다.

었다. 시류와 맞물려서 학내 민주화 이슈로 군사 문화 잔재가 팽배하다 보니 교수가 학생을 때려서 고막이 파열될 정도로 폭력이 일상화된 상황이기도 했다.

시위가 대대적으로 일어나자 학생장으로서 지휘 통솔을 문제 삼아서 대학으로부터 제적 조치를 받았다. 더구나 내가 다니던 해양대학은 학생 전원이 학군단 소속으로 모두가 군인 신분과 다름없었기

1980년 무력으로 정권을 장악한 전두환 대통령은 제5공화국 헌법을 제정한 뒤 대통령에 취임했다. 이후 대통령의 임기 제한과 입법부의 권력 강화, 통금 해제 및 교복 자율화 등의 유화 조치를 취한다. 그리고 1986년 아시안 게임과 1988년 올림픽을 유치하며 지지 기반을 공고히 닦았다. 그러나 정반대로 재야인사들에 대한 강경 조치와 시위 탄압은 더해 갔다.
1985년 2·12 총선 이후 야당과 재야세력은 간선제로 선출된 제5공화국 전두환 대통령의 도덕성과 정통성 결여, 비민주성을 비판하면서 직선제 개헌을 주장하였다. 1986년 2월 각계각층에서 대통령 직선제를 중점으로 하는 민주헌법쟁취투쟁이 확산되고, 신한민주당이 1,000만 개헌 서명운동에 돌입하면서 개헌 논의는 더욱 확산되었다.
이어 같은 해 7월 30일에는 여야 만장일치로 헌법개정특별위원회가 발족하였다. 그러나 집권 여당인 민주정의당은 의원내각제를, 야당은 대통령 직선제를 주장함에 따라 개헌 논의는 처음부터 난관에 부딪혔다. 그 후 1987년 1월 14일 서울대학교 재학생이던 박종철이 치안본부 남영동 대공분실에서 조사를 받다 고문과 폭행으로 사망한 사건이 일어났다.
이로 인해 국민들의 민주화 요구는 거세지고, 대통령 직선제 개헌 논의가 활발하게 이루어지자 정권 유지에 불안을 느낀 전두환은 그해 4월 13일 모든 개헌 논의를 금지하는 조치를 단행하였다. 이 조치가 4·13 호헌 조치이다. 여야가 헌법안에 합의하면 개헌할 용의가 있지만, 야당의 억지로 합의가 불가능해졌기 때문에 어쩔 수 없이 간선제인 현행 헌법을 고수할 수밖에 없다는 것이 주요 내용이다. 일체의 개헌 논의를 중단시키고, 1988년 2월 정부를 이양하겠다는 것이 4·13 호헌 조치의 요지이다.

에 정부에 반대하는 시위에 대한 조치는 더욱 엄중할 수밖에 없었다. 1987년 3, 4월 학내 민주화 운동이 일어났다. 당시 학생회장이었던 나는 시위를 주도했다는 이유로 제명 조치를 받았다. 6.29 선언은 전두환이 항복하고 후계자로 노태우를 지명한 때였다. 1987년 9월이 되어 3학년 2학기에도 시위가 끊이지 않았다. 국비 특수목적대학에서는 그 유례를 찾아보기 어려울 정도로 초장기 시위였다. 학내 시위를 막기 위해서 휴교령이 2달씩 내려지기도 하던 시기였다. 이 시기에 KBS목포 해양대 오보 사건이 발생한다. 시내에서 학생들끼리 다툼이 있었는데 이를 잘못된 방식으로 보도하여 집단 시위가 일어났던 사건이었다. 이 과정에서 드디어 집단시위가 학교 밖 시내로까지 진출하는 일이 벌어졌다. 말하자면 제복을 입은 군인들이 도시로 진출했던 실미도 사건과 비슷한 소요사태였다.

 이러한 시위가 대단하고 신기했던 점은 사실상 지도부가 와해된 상태였음에도 불구하고 일치된 마음과 일사불란한 행동으로 폭발적이고 대중적인 시위를 이어갔다는 점이다.

 이처럼 치열한 상황에서 비상대책위원회 학생 대표가 필요했다. KBS 측과 협상을 해야 했기 때문이다. 나는 학생회장 자리에서 물러서 있는 상황이었기에 학생 측 대표가 마땅치 않았기도 했다. 학생회장이 없는 학생회는 유야무야 운영될 수밖에 없었고, 거의 해체된 상황이나 다름없었다. 따라서 집단 교섭을 위해서 비상대책위원회의 설립은 반드시 필요한 상황이었다. 이 과정에서 나는 놀라운 일을 경험하게 되었다.

KBS목포에 항의하러 모인 학생들이 나의 이름 "이 승"을 연호하기 시작한 것이다. 처음에는 망설이기도 했지만 내가 필요하다고 갈급히 요구하는 학생들의 목소리를 외면할 수는 없었다. 그렇게 나는 만장일치로 비상대책위원회 대표로 선출되었다. 전 학생회장으로서의 사명감과 책무 또한 느끼고 있던 터였다. 하지만 이 때문에 학교는 '이승'이 제거되어야 시위가 끝날 것이라고 여겼다. 나라는 구심점을 없애야만 학내 상황이 진정될 것이라고 판단하는 데 확신을 주게 된 사건이기도 하다.

사실 비대위 대표를 수락하면서도 내가 학교의 눈엣가시가 되리라는 것을 몰랐던 것은 아니다. 이미 학생회장직을 박탈당한 상황이기에 정치적인 행동에서 이름을 알리면 제적이 될 것이라는 것은 이미 예상하고 있었다. 그러나 내가 해야 할 일이라는 확신이 있었기에 학생들의 부름에 응답하고, 나는 이 모든 과정을 담담하게 받아들였다.

그리하여 나는 결국 국립목포해양대학 3학년 학생회장에서 제명, 학교에서 제적 징계 조치를 받게 된다. 내가 해기사가 될 것을 기대하며 자랑스럽게 여기셨던 아버지는 이로 인해 큰 충격을 받으셨고, 이 사건을 계기로 이후 건강도 악화되셨다.

그러나 불의가 있으면 그냥 넘어갈 수 없는 나의 성향과 언제나 바른말을 했던 나이기에 다시 돌아가도 나의 선택은 같을 것이라고 확신한다. 이 사건을 계기로 나는 오히려 불의와 타협을 하지 않고, 대의에 충실하는 삶을 살게 되는 계기가 되었다.

3.
첫 창업과 성공 그리고 좌절

용산에서의 창업 시작과 실패

그렇게 대학에서 제적을 당한 뒤 고향을 떠나 서울에 창업을 했다. 신용산역 바로 앞에 위치한 4층 빌딩에 입주했다. 당시 용산 전자 상가 건물들이 완성되어 가는 시기로, 전자 기기들이 보급되기 시작할 무렵이었다. 처음에는 카폰, 휴대폰, 삐삐 영업 사원으로 입사해서 일했다. 자랑은 아니지만 교우 관계가 좋고, 인내심 있는 성격이었기에 영업은 나에게 적합한 직무였고 실적이 좋아 나중에 창업으로도 이어졌다.

당시 1989년부터 1991년에 시기에 가입비가 73만 3천2백 원이고, 보증금이 65만 원, 단말기가 150만 원으로 무척 꽤 금액이 나갔다. 1989년에 백반 한 상 가격이 1,500원 정도였던 것을 생각하면 휴대폰과 삐삐 사업의 영업 대상은 엄청난 부유 계층이었음을 짐작할 수 있다. 때문에 당시 카폰을 이용하는 사람들은 잘 나가는 중소기업 사장 이상의 경제력과 사회적 지위를 가진 사람들이 대부분이었다. 당시 유통업자는 단순히 물건만 전달하는 것이 아니라 가입 절차, 보안 교육, 사용 설명도 하는 등 고객에게 전파하는 역할 또한 담당했었다. 휴대용 단말기가 보급되던 완전 초기이기 때문에 여러모로 언술이 많이 필요하던 시기였다.

당시에는 유명 연예인과 혼담이 오갈 정도로 사업이 호황기를 맞이했었다. 사무실 위치도 좋았고, 전면 선텐 간판과 대형 현수막으로 광고 효과도 톡톡하게 봤다. 유통 사업 위치에는 최고의 자리인 용산이기도 했다. 창업 1주년을 넘기며 탄탄하게 발전만을 이어 가던 사업은 당시 카폰이나 휴대폰의 무선 통신망이 늘어나는 수요로 인해 소위 디지털로 전환되는 시기에 이르러 어려움을 겪게 된다.

처음에는 1개월 정도 신규 개통이 멈추더니 이어 3개월, 6개월까지 멈추며 영업이 모두 올스톱되는 상황이 되었다. 아날로그 회선에서 디지털 회선으로 전환되면서 회선이 사라지는 추세이니 사용이 불가한 카폰이나 휴대폰, 삐삐를 납품하는 것도 어려워졌다. 영업 사원들은 신규 가입자를 유치해 왔으나, 개통이 안 되니 소비자에게 납품을 못 하게 된 상황에 직면한 것이다. 쌓여 가는 신규 가입자와 회선 증설을 위한 디지털 전환 공사로 인한 개통 지연은 유통업자로 하여금 피를 말리는 사투에 휘말리게 하였다.

개통 지연으로 불만이 쌓인 고객들은 기다림에 지쳐 계약 철회를 하기에 이르며, 회사는 사면초가 상황에 직면했다. 인건비, 임대료 등 고정비 지출은 일정한데 돈이 순환이 안 되는 정체에 빠진 것이다.

당시 20대 중반의 나이에 법 상식과 위기관리 능력도 부족했고, 열정과 용기 하나로 영업 시장을 개척해 나가며 사업을 확장해 나가던 중 위기에 봉착한 것이다. 최근에는 청년 창업 학교에서 리스크 관리 등을 잘 지도해 주는 정책이 있지만 1990, 1991년도에는 창업이 쉽지 않았다. 일자리도 많고 대기업에서 뽑는 인원도 많았기 때문에 창업이라고 해 봐야 식당 정도인 시기였다. 당시 시장이 지금 스마트폰 시장의 밑거름이 되었지만 당시 나로서는 위기 상황일 뿐이었다.

이로 인해 나뿐만 아니라 많은 유통사들이 구조 조정 등의 조치를 시작했다. 그러나 나는 우직하게 이 위기를 헤쳐 나가고자 했다. 직원들과 의기투합하면 이 위기 또한 극복 가능하리라 믿었다. 그러나 직원들에게 고정적으로 나가는 임금을 관리하지 못한 것은 결국 파산으로 이루어졌고, 사업 실패에 이르게 된다. 이 시기에 직원들을 해고했던 수많은 영업사들은 나보다도 영업 실적이 좋지 않던 사람들이 지금은 강남에 빌딩이 있을 정도로 부자가 됐다. 그러나 나는 후회가 없다. 직원이 주인 되는 회사로서 다 함께 살아남고자 하는 마음에 행했던 운영 전략이었다. 물론 효과적인 생존 전략은 아니었고 결국 사업 실패로 개인 신상에도 문제가 생기게 되었다.

와신상담, 이후 인장업자로

사업 실패 이후에 노점상을 하게 됐다. 학창 시절에 인장을 판매했던 경험을 바탕으로 떠올린 궁여지책이었다. 손재주가 있는 나 자신에 대한 확신이 있기도 했고, 그동안의 영업 업무로 쌓인 노하우도 활용해 볼 수 있겠다는 생각이 들었다. 중고등학교 때 열심히 했던 것을 다시 일주일 이상 연습해서 노점상으로 나가서 뭐라도 해 보자는 것이었다. 아직 경력이 짧기 때문에 저가로 판매하며 큰 사업 자금 없이도 시작할 수 있는 일이라고 생각하기도 했기 때문이다. 결심이 서자 나는 우선 인장업을 운영하는 점포를 찾아가서 인장 조각도와 재료를 판매하는 곳을 알아봤다. 동대문인장자재상에 가서 조각도와 도장 재료를 구입해서 관악구 봉천동 101번지 산꼭대기 보증금 50만 원, 월세 5만 원 방에서 와신상담을 시작했다.

노점상으로 시작하다 보니 쉬운 일이 없었다. 구역 싸움도 있고 에피소드도 많았다. 노점을 단속하는 구청 단속에도 걸렸지만 노점상을 없애고 도시 정비를 하기 위해서는 직업을 알선해 주는 것이 낫겠다는 의도였는지 인장 협회에 취업을 하게 됐다. 이후 안정적인 월급과 수입이 생기게 됐고 생활도 안정되게 되었다. 그 덕분에 이 시기에 결혼도 하게 되었다.

나는 인생에서 좌절의 순간들이 찾아올 때마다 좌절이나 포기할 만한 상황에서는 좌절하기보다는 인내하는 것을 택하며 인내심을 길러 왔다. 요즘 세대들에겐 소위 꼰대라고 불릴 수 있는 발언이지만, 쓴맛을 모르고 힘든 것을 안 해 본 사람과 역경을 헤치고 다시 일어난 사람의 경험은 다를 수밖에 없다. 굴복하지 않고 좌절하지 않는 마음가짐의 중요성에 대해서 알게 된 것이었다. 나의 지난 삶을 돌아보며 과거의 나를 평가하자면, 삶의 의지를 가지고 선한 목적으로 해를 끼치지 않겠다는 다짐하에 내가 가진 재능을 직업으로 삼아 왔다고 말할 수 있을 것이다.

Chapter 02
본격적인 정치 참여

1.
김대중 정부 시절의 집회 참여 그리고 연설

김대중 대통령 시절의 집회 참여 경험

1999년 무렵에 인장업법 폐지가 사회적 공론화가 되며 행정 간소화에서 국제 경쟁력을 갖추게 되었다고 볼 수 있다.[4] 인장 날인 문화가 행정 전산화를 더디게 하는 것이라고 생각했기 때문이다. 인장 날인 문화는 일본의 잔재이다. 나는 인장협회에서 근무하고 있던 직접적인 이해 당사자였지만, 인장은 아날로그이고, 결국에는 오프라인에서 도장 찍는 문화는 없어져야 가능한 것이라고 생각했다.

---

4 인장업법은 1999년 1월 21일에 폐지가 되었으며 폐지 이유에 대해서 법령은 아래와 같이 밝히고 있다. "인장업법은 인장의 위·변조등 범죄행위를 예방하고 인장업계의 영업질서를 유지하여 국민생활의 안정과 편익을 도모할 목적으로 제정되었으나 법 운용의 실효성이 거의 사라져 행정을 간소화하고 인장업자의 자율성을 제고하고자 동법을 폐지하려는 것임."
출처 : 법제처 국가법령정보센터
https://www.law.go.kr/LSW/lsInfoP.do?viewCls=lsRvsDocInfoR&lsiSeq=2502#

물론 계속해서 이어져 오던 인장 문화가 한순간에 폐지된다고 하니 업종 종사자는 물론 일반인들 사이에서도 우려의 목소리가 나왔던 것도 사실이다. 아래는 당시 시대 사람들의 의견을 엿볼 수 있는 기사의 일부이다.

> 인장업법 폐지로 인감도장 제작에 대한 규제책이 사라지자 각종 거래에 필요한 인감도장과 인감증명이 손쉽게 범죄에 이용되고 있다.
>
> 특히 행정자치부가 인감대장의 전산화 작업을 마무리해 내년 3월부터 전국 어디서나 인감증명을 발급받을 수 있게 하는 '인감증명법 시행령 개정안'을 입법예고 하기로 해 인감증명 발급 절차가 더욱 간편해져 범죄에 이용될 가능성이 높다는 지적이다.
>
> 지난 6일 서울지법 동부지원 민사3부(재판장 성기문 부장판사)는 남모 씨(56)가 위조된 인감에 대해 동사무소 직원이 인감증명서를 발급해 줘 손해를 입었다며 강동구를 상대로 낸 손해배상청구소송에서 원고패소 판결을 내렸다.
>
> 재판부는 판결문에서 "담당 공무원은 정밀 감정을 통해 인감의 동일성을 판단할 의무가 없고, 셀로판테이프를 이용해 판별하는

것으로도 충분하기에 담당 공무원에게 인감 발급 책임을 물을 아무런 자료가 없다"고 밝혔다.

이로 인해 앞으로 인감증명으로 확인되는 각종 거래 시 인감증명서의 인감과 상대방이 제출하는 인감이 같은지에 대한 판단과 이에 따른 책임은 거래 당사자가 고스란히 지게 됐다.

또한 지난 99년 인장업법 폐지에 따라 도장 제조과정과 업체에 대한 아무런 규제가 없는 상황에서 본인 확인절차나 도장 제조기록마저 없이 손쉽게 도장을 만들 수 있는 실정이다.

서울인영필적감정원 한용택 원장은 "인장업법 폐지로 손쉽게 도장을 만들 수 있는 허점을 드러내고 있다"면서 "특히 컴퓨터를 이용해 도장을 제조한 경우 컴퓨터상의 필체가 동일해 판독이 거의 불가능할 정도로 완벽한 위조도장을 만들 수 있다"고 지적했다.

결과적으로 인감증명 발급 시 인감의 동일성을 확인해야 하는 지자체의 의무는 사라지고, 각종 거래 시 위조 인감에 대한 위험부담은 시민들에게 넘어가게 됐다.

이에 대해 시민 최창호씨(33·광주시 광산구 송정동)는 "한 개인

> 의 전 재산을 좌지우지 할 수 있는 인감증명서의 발급과 인감도장 제조에 대해 지자체와 제조업체가 아무런 책임을 지지 않겠다는 것은 이를 이용한 범죄를 강 건너 불구경만 하겠다는 말과 같다"고 비난했다.
>
> – 남도일보 2002.10.26.
> http://www.namdonews.com/news/articleView.html?idxno=61651

일본은 지금까지도 인장 날인 문화가 뿌리 깊어서 인장업자나 인장 재료 업자들은 로비 등을 통해서 아직도 유지하고 있다. 이로 인해 행정 개혁에 발목이 잡혀서 일본은 여전히 아날로그식으로 행정을 진행하고 있다. 일본 직장인은 코로나19 시기에도 서류에 도장을 찍으려고 출근한다는 자조 섞인 농담이 유행할 정도이다. 행정기관 도장 폐지를 시도한 가장 최근의 일은 2021년 스가 요시히데 내각으로, 인장업계의 반발을 산 바 있다. 이에 도장업계 관계자들이 "도장 이탈이 심각해진다"라며 "사활이 걸린 문제"라고 호소하자 고노 담당상도 "행정 절차에서 도장을 없앤다는 것이지 도장 문화는 좋아한다"라고 한 발짝 물러서는 태도를 보인 것으로 보아 아직도 일본의 행정기관 도장 폐지는 요원해 보인다.

일본에서 도장이 본인 확인 수단으로 자리 잡게 된 배경에는 인감증명제도가 있다. 1870년 메이지 정부는 일반 백성들에게도 성씨를 가질 수 있도록 허용하였다. 그리고 모든 국민에게 규격화된 도장을 지방자치단체에 등록하도록 만들었다. 이를 토대로 1878년부터 인감증명제도가 시작되었다. 이후, 개인 간 계약이나 거래에 도장으로 확인된 것만 인정하고 보장하도록 했다. 지금까지도 인감증명업무는 국가배상법이 적용되는 업무로 유지되고 있다. 그러므로 일본인에게 도장은 자신을 증명, 확인하는 수단이 된 것이다.

도장은 일본형 의사결정 방식과도 깊이 연관되어 있다. 회사나 관공서는 물론 지역사회에서도 활용되는 의사결정 방식이 품의제 결재 방식이다. 조직의 하급자(또는 업무담당자)가 기안하고 최고 결정자까지 순서대로 올라가면서 결재를 진행하는 방식이다. 업무와 관련된 다른 부서의 관계자도 결재에 참여한다. 이러한 의사결정 방식은 조직 내 이해 당사자가 모두 합의 과정에 참여하게 되면서 민주적인 의사결정 방식이라고 평가되기도 한다. 그러나 의사결정에 참여한 한 사람이 많아지게 되면서 책임의 소재가 애매해지는 문제점이 지적되고 있다.

일본 사회에서도 수상이나 장관이 책임지지 않고 말단 공무원이 처벌되는 상황을 종종 목격한다. 이러한 상황이 발생하는 이유가 바로 책임의 분산화를 가져오는 도장문화의 영향이다. 품의제 의사결정 방식에서 도장을 찍는 칸이 위에서 아래로 만들어지지 않고 왼쪽에서 오른쪽으로 만들어지는 이유가 바로 이것 때문이라고 말한다. 실제로 제2차 세계대전에서 일본이 패망한 직후, 미국과 연합국에 의해 전범처리가 진행되는 과정에서 주도적인 의사결정자를 가려내지 못하는 곤란한 상황이 발생하였다. 그 이유가 바로 품의제도에 기반한 도장문화 때문이었다. 전쟁을 최종적으로 결정하는 의사결정자가 자신은 아래에서 결정해 온 내용에 단지 도장만 찍었다고 항변했기 때문이다.

이러한 측면에서 보면, 도장은 의사결정과정에 동의하는 표시일뿐만 아니라 결과에 따르는 책임을 분산시키는 수단으로도 이해한다. 결국 도장은 리스크 분산이나 책임면제를 합리화하는 수단인 것이다. 결국 도장은 조직 내에서 누가 결정했는지를 불분명하게 만드는 수단이기도 하다. 도장은 일본 사회에서 조직 유지 및 관리 측면에서도 중요한 역할을 해 온 것이다.

이러한 인감제도의 영향으로 도장은 전 국민에게 급속도로 보급되었다. 메이지 정부가 출범하고 30년이 채 지나지 않는 상황에서 도장파는 기능공들의 전국조합이 만들어질 정도이다. 1920년대에 접어들어서는 전국에 4,000개 업체가 성업할 정도로 확장되었다. 메이지 정부는 개인들이 도장을 지방자치단체에 등록할 때도 일정한 규격을 제시하였고 전국적으로 통일된 형태로 도장이 보급되었다. 결국 도장은 정부가 국민을 관리하는 수단이었으며 개인은 자신을 증명하기 위하여 관청에 등록하는 도구였다.

그러나 최근에는 도장의 이러한 기능에 근본적인 변화가 일어나고 있다. 디지털기술과 3D 프린터 등 기술 발달로 진정성이나 신뢰성을 확보하는 수단으로 기능하기 어렵게 되었다. 도장은 누구나가 쉽게 복제할 수 있게 된 것이다. 이제는 단지 관습적인 상행위, 관례적인 조직 문화 속에서 심리적인 안정감을 주는 수단으로 변화되었다. 실제로 2020년 6월 내각부, 법무부, 경제산업성이 공동으로 발표한 자료에 따르면, 사법상, 계약은 당사자 간 합의에 따라 성립하는 것으로 서면으로 작성 또는 서면에 도장을 찍어야만 성립되는 것은 아니라고 발표하였다.

앞에서 소개한 설문조사에서도 '도장 폐지에 찬성하는 의견'이 74.7%이다. 도장이 가지는 의미가 달려졌음을 알 수 있다. 그렇지만 '도장 폐지가 쉽지는 않을 것'이라는 의견도 50.1%로 나타나기도 했다.[5]

또한 이러한 도장 문화는 비단 일본뿐만 아니라 중국을 비롯한 동아시아에서는 자신을 증명하는 수단이자 책임을 지겠다는 의미로 서양의 사인을 대신하여 사용되던 뿌리 깊은 사회적인 약속으로서의 역할을 해 왔다. 도장 문화가 거의 사라진 최근까지도 여전히 부동산과 같은 재산을 거래할 때나, 상장이 수여되는 등 권위가 필요한 자리에는 언제나 도장이 그 자리를 지키고 있다. 이처럼 도장은 오랜 기간 우리 문화와 지속되고 있다. 그러나 행정 절차에 있어서 비효율을 초

---

[5] 출처 : 프레시안 '도장에 집착하는 일본, 도장문화에서 벗어날 수 있는가' 2021.08.24.

래하는 것은 사실이었다.

따라서 아날로그에서 디지털화로 전환되는 행정 개혁 시기, 나는 직접 이해 관계자임에도 불구하고 행정 신속성에 대한 필요성을 느껴서 동의하며 연설에 참여하게 된 것이다. 이 연설에 많은 관계자들이 마음을 달리 먹고 정부의 행정 개혁을 돕는 방향으로 참여를 하게 된 것이다. 이러한 행정 절차 개편으로 인해서 단적으로 우리나라의 행정 처리 속도는 전 세계에서도 유례없이 빠르고 효율적으로 거듭났다.

실제로 2020년 UN이 발표한 전자정부 진행 상황 순위에서 우리나라는 덴마크에 이어 2위의 속도를 자랑하고 있다. 한편 여전히 도장 사용이 일반적인 일본의 경우 14위에 자리를 잡았다. 무엇이 옳고 그른가를 판단하는 것은 어려운 문제겠으나, 기술 발전에 따라 많은 현대인들이 효율을 추구하게 된 것은 사실이다. 통장 개설에만 1시간, 연금 서류 인증 처리는 5개월이 걸린다는 일본의 행정 절차와 접수 즉시 처리가 완료되는 우리나라의 행정 처리 속도는 인장업법 폐지가 불러온 나비효과라고도 할 수 있을 것이다. 따라서 인장업법 폐지는 업무 절차의 패러다임을 바꾸어 놓은 한국 정부의 개혁 중 하나였다고 할 수 있을 것이다. 또한, 이러한 개혁의 일부에 나의 역할이 컸음은 또한 부인할 수 없는 사실이다. 고부가가치 산업이었던 인장업 종사자로서 나의 이익보다는 국익을 우선시했던 나의 선택에 후회가 없는 이유이기도 하다.

민주 청년 동문회 활동과 심경철 의사자, 노무현과의 만남

1998년 봄에 IMF가 시작되면서 익산에 거주하는 대학 동기 이성주에게 연락이 왔다. 내가 제적을 어떻게 당했는지 알기 때문에 모교의 민주적 발전을 위해서 국비 대학으로서는 최초로 민주 청년 동문회 결성을 제안했다. 대학교 3학년 때 제적으로 모교 발전을 위해 할 수 있는 것이 없나 고민하다 나온 것이다. 당시에는 인터넷이 대중적으로 보급되던 시기라서 인터넷을 기반으로 한 청년 동문회를 만들었던 것이다.

1999년부터 본격적으로 인터넷을 공간으로 하여서 의식 있는 동문들을 상대로 민주 청년 동문회 활동에 돌입하기 시작했다. 2000년 1월 15일 모교 동문이 의사자 심경철이 민주 청년 동문회에서 온라인 시위도 하며 활동하게 됐다. 보건복지부, 행정심판원 등 의사상자를 심의 결정하는 기구에서 의사자 인정 부결이 되었던 것에 동문들은 크게 반발했다. 이에 불복하는 행정 심판을 촉구하게 된 것이다.

정당성을 알리는 글을 해당 홈페이지에 게시하였다. 대자보도 붙이고 해당 홈페이지에 링크를 걸어서 정당성을 개인들이 주장했다. 당시 〈seanet.co.kr〉이라는 해양 홈페이지에서 대자보를 알리고 행정

심판원의 주소 링크를 자유게시판에 올려서 글로 바로 들어갈 수 있도록 하여 정당성을 주장했다. 우리나라 온라인 초기 시위라고 할 수 있다. 2000년, 바야흐로 인터넷이 보급되고 홈페이지 문화가 확산되기 시작할 때이다. 그 시기에 다른 사람들은 생각하지 못했던 말 그대로 최초의 온라인 시위였다.

이와 같은 사이버 시위로 인해 그동안 사회여론에 관심이 없었던 해양 네티즌에게 커다란 영향을 끼치게 되었으며 해양계 대학, 동창회, 해상노조연맹, 해기사협회 등 선원단체들의 광범위한 연대운동이 한국해운계 역사상 처음으로 동시에 전개되었다. 이것은 한국 선원 사회가 자신의 문제를 사회적으로 여론화, 쟁점화시켜 선원 문제를 풀어가는데 하나의 모범이자 소중한 전례를 남김으로써 해기 선원들의 인권과 노동환경의 개선에도 매우 중요한 시금석이 될 수 있었다.

지금과 같이 인터넷 광장이 활발하지 않던 때라서 더욱 효과는 강력했고, 더 큰 울림을 만들 수 있었다고 생각한다. 나는 다음과 같은 글을 게시하며 사이버 시위를 지도했다. 인터넷에 작성한 글이고, 워낙 예전의 글이다 보니 맞춤법이나 인터넷 어투에 대해서는 미리 양해를 구한다.

의로운 항해사를 위한 제2차 사이버 시위!

고 심경철 항해사의 명예회복을 위한 행정심판이 마지막 고빗길을 넘고 있습니다.

19월 3일(월요일)14:00시 국무총리실 전문가위원회에서 최종적인 결정이 내려집니다.

증인으로는 생존자인 당시 실습기관사 김영은(목포해양대 4학년)양이 채택되었으며 한인에게로 상경 할 수 있는 비행기표가 전달되었습니다.

행정소송 2차 변론기일도 결정되었습니다.

9월 18일 15:00시부터 대법원산하 행정법원에서 열립니다.

증인으로는 마찬가지로 고 심경철 항해사의 희생으로 생존한 당시 실습항해사 김학실 (한국해양대, 4학년)이 채택되었습니다.

우리는 일단 행정심판 최종결정에 최선을 다하기로 하고 제2차 사이버 시위에 들어갑니다

> 이번에는 다음 주소에 먼저 멜을 보내 주십시요.
>
> 사건당당관 행정사무관 홍현주: gumbul@moleg.go.kr
>
> 이분은 전문가위원회에 필요한 자료를 제출하는등 실무자인데 유감스럽게도 지난 1차시위에서 국무총리실에 남긴 글들을 보지 못했다고 합니다. (후략)
>
> 빙산을 뚫고나가는 강철쇄빙선/ 목포해양대학교 청년동문회
> 대표 이 승

이러한 노력을 바탕으로 하여 사상자 예우에 대한 법률로 인해 최종 행정 심판에서 의사자 심경철이 확정이 되는 쾌거를 이루었다. 이후 2017년에는 '이달의 현충 인물'로도 선정되었다. 현재 의사자 심경철은 민주 청년 동문회에서 주요한 인물로 여전히 기리고 있는 인물이다. 내가 목포해양대학교 청년 동문회 대표로 적었던 추모사 내용은 아래와 같다.

지난 2001년 1월 15일 자네의 사고소식을 접하고
내 가슴속의 일렁이는 비통한 심정과 감동의 파도는
지난 세월 오대양 육대주를 누비며 무역첨병 역할을 묵묵히 수행하다
유명을 달리한 해기선원의 한과
자네의 살신성인의 고귀한 희생정신에 감동하여
신문기사를 몇 번이나 곱씹으며 각오했네
반드시 의인으로 추앙되어
여직껏 명예롭게 영면하지 못한 여타 순직선원들에 대한
마음에 빚을 갚는 심정으로 결심했어
결코 내자신의 도덕률에 의한 결심보다 산자의 도리라 생각했네
마침내 9개월의 고투 끝에 이끌어낸 의사자 선정은
내 인생의 최고의 보람으로 기억 될 걸세
사랑하는 경철후배
자네가 남기고 간 위대한 살신성인의 발자국은
영원한 해양인의 긍지며 자부심일걸세
부디 영혼이 편히 쉴 수 있는 안식처로
인도됐을 것으로 굳게 믿고
만나는 그 날까지 잘 있게

> 덧붙여 의인선정을 위하여 아낌없는 수고를 기꺼이 허락한
> 모교, 재학생, 동문들과
> 청년동문회 성원들께 진심으로 감사의 인사를 드립니다.
>
> 목포해양대학교 청년동문회 대표 이승

이 사건을 겪으며 당시 해양수산부 장관 노무현이 개인 변호사 자격으로 개인 의견을 주게 되었다. 작은 것 하나도 놓치지 않는 노무현 장관이 고마워서 〈노하우〉라는 노무현 개인 홈페이지에 그러한 계기로 가입을 하게 됐다. 덕분에 최종 판결이 나게 된 성과를 이루었다. 아래는 노무현 해양수산부 장관에게 답장으로 받았던 견해의 전문이다.

> 심재윤 선생님께.
> 　먼저 재난속에서 동료들의 생명을 구하기 위해 자신의 생명을 돌보지 않은 아드님의 숭고한 희생에 대하여 삼가 경의를 표하며, 부모님께 위로의 말씀을 드립니다.
> 　심선생님의 편지를 받고 난 후, 관련법규정과 관계부처의 회신 내용 등을 검토해 보니,
> 　"의사상자의예우에관한법률"에서는 "의사자"를 "직무외의 행위로서 타인의 생명, 신체 또는 급박한 위해를 구제하다가 사망한 자"로 규정하고 있고, 고인이 근무하던 회사의 취업규칙에는 "해

상직원은 재해 기타 급박한 위험에 직면하였을 때에는 공동 협력하여 인명과 본선의 안전을 위하여 최선을 다하여야 한다"라고 규정하고 있어 심경철님의 희생이 의사상자의예우에관한법률에서 정한 "직무외의 행위"로 볼 수 있느냐 하는 것이 쟁점이 아닌가 판단되었습니다.

보건복지부의 질의회신 내용은 "직무 외의 행위"로 보기 어렵다는 입장이었던 것 같습니다.

그러나 저는 이와는 다르게 생각합니다.
여객선과 같이 승객의 안전이 우선되는 경우에는 승무원이 승객의 안전을 우선적으로 고려하는 것이 당연하지만, 고인이 승선·근무하였던 화물선에서 직원 상호간 안전에 관한 행위의 우선순위는 자신의 생명을 최우선적으로 고려함이 타당합니다. 또한 취업 규칙의 내용도 특별한 개인의 희생을 말하는 것이 아니고 공동 협력하여 인명과 선박의 안전을 위하여 최선을 다하도록 한 것이므로, 긴박한 위험에 처하여 선박의 안전과 자신의 생명을 함께 지키는 것이 곤란한 상황에서는 먼저 각자의 생명을 지키기 위한 자위조치를 취함이 당연하다고 하겠습니다.

따라서 다른 승무원들이 자신의 생명을 지키기 위해 선박을 탈출한 상황에서 마지막까지 남아 이들에게 구명부표를 던져 생명을 구한 행위는 직무와의 관련성을 부정할 수는 없으나 승무원으로서 통상적으로 지켜야 할 직무범위를 현저하게 넘어선 특별하고 숭고한 희생행위라고 생각됩니다.

그러므로 본 건 질의해 주신 사항에 대하여는 정식으로 해당 시군구의 행정기관을 통하여 의사상자보호신청서를 제출하셔서 법령의 규정에 따른 소정의 심사를 받아 보심이 바람직할 것으로 생각됩니다.

다시 한번 고인의 숭고한 희생에 대하여 삼가 경의를 표하며, 이와 같은 숭고한 행위가 국민의 사표가 되어 해양수산가족의 명예와 자긍심을 드높이는 계기가 되기를 진심으로 빌어마지 않습니다. 감사합니다.

2001.3.5.
해양수산부장관 노무현 드림

이 이야기는 법률가이자 정치인 노무현에게도 인상 깊은 하나의 사건으로 남아, 그의 자서전에도 실려 있다. 아래는 책 《노무현의 리더십 이야기》 내용의 일부 발췌이다. 사건에 매달려서 의사자 판결을 반드시 받기 위해 노력하던 당시 힘없던 나의 상황과 달리, 여러 가지 고뇌와 고민들이 노무현의 입장에서 표현되어 있다.

> 법률가로서의 편견일지도 모르지만, 사안을 바라보는 관점에 있어서 법조계와 행정계는 다소 차이가 있지 않나 싶다. 법조계의 경우 개개의 사건에 대한 구체적인 타당성을 중시하며 '정의가 무엇인지'를 얘기하려고 한다. 반면 행정계의 경우에는 일반인이든 특정인이든 간에 다수를 대상으로 정책을 하다 보니 개개의 사정보다 전체적인 영향에 더 중점을 두고 일을 하는 경향이 있다. 물론 개개인의 성격이나 업무의 특성에 따라 차이가 있어 일반화하기는 어렵지만 최소한 양쪽을 접하면서 가지게 된 내 느낌은 그렇다.
>
> 장관으로 있는 동안 직원으로부터 보고를 받으면서 나는 당해 사안에 대한 올바른 해석과 판단을 중시하기보다는 앞으로 제기될지도 모르는 형평성 시비와 파급효과에 대해서 우려부터 하는 모습을 여러 번 본 적이 있다. 내가 "이 지역 사정을 보니 ○○시설 설치를 빨리 지원해 줘야겠군요"라고 하면 "그 지역에 해주면 다른 시 군에서도 똑같이 요구할텐데요"라고 응수하는 것이다. 물론 조치를 했을 때 그것이 미칠 파장에 대해서 미리 생각하고 준비하는 것은 좋지만 "구더기 무서워 장 못 담근다"고 개개 사안의 타당성을 생각지 않고 뒷일만 걱정해서 일을 추진하지 못하는 사례를 적잖이 발견할 수 있다. (중략)

한 예로 나는 선박사고로 자식을 잃은 아버지 한 분으로부터 이메일 한 통을 받았다. 그 편지에서 심 모 선생님은 신문기사와 인터넷상에 게재된 네티즌들의 글들을 보여주며 자식의 희생이 헛되지 않도록 의사자로 인정해 주기를 바란다고 했다. 그러면서 장관이 아닌 법률가로서의 내 의견을 물었다. (중략)

나는 편지를 잃고 난 후 함께 앉아있던 비서에게 어떻게 생각하느냐고 물었다. 그랬더니 그는 "이 사연만 보면 저도 도와주고 싶습니다만....... 만약 이 분을 의사자로 인정해 줄 경우에 앞으로 선박사고로 사망한 사람이 있으면 생존자들이 전부 이런 식으로 얘기하며 의사자 신청을 할 수도 있지 않겠습니까?"라고 대답하였다. 그래서 나는 "중요한 것은 고인이 실제로 그러한 희생을 했느냐의 문제이지 자네가 말하는 것과 같은 파급효과는 아니야. 고인의 희생이 의로운 것으로 인정된다면 그에 대해서는 사회적으로 인정하고 보상하는 것이 맞는 것이 맞는 것이야. 다음에 다른 사건으로 의사자 신청이 들어오면 그것은 그것대로 사실을 정확하게 가려서 의로운 일로 인정할 수 있는지를 판단하면 되는 일 아닌가." 비서도 내 말에 수긍을 했다.

답장을 띄우기에 앞서 관련규정도 찾아보고, 실제로 이 업무를 담당하는 보건복지부에서 어떻게 처리하고 있는지를 알아보기 위해 법무담당관을 불러 몇 가지 사항을 검토해보라고 지시했다.

며칠 후 법무담당관은 의사자로 인정받기가 어려울 것 같다는 보고를 했다. 얘기인 즉 「의사자의 예우에 한한 법률」에는 '의사자'를 "직무 의외 행위로서 타인의 생명, 신체 또는 급박한 위해를 구제하다 사망한 자"로 규정하고 있는데, 고인이 근무하던 회사의 취업규칙을 보면 "해상직원은 재해 기타 급박한 위험에 직면하였을 때에는 공동 협력하여 인명과 본선의 안전을 위하여 최선을 다하여야 한다"라고 규정하고 있어서 고인의 희생을 '직무 외의 행위'로 보기가 어렵다는 것이다. (중략)

하지만 나의 생각을 말했다. 한 배를 탄 사람이면 위험이 다했음을 함께 협력해서 인명과 선박의 안전을 도모하는 것이 당연한 의무인 것은 맞다. 그렇지만 이는 함께 위기를 극복하기 위해 도와야 한다는 것이지 자기의 생명보다 다른 사람의 생명을 먼저 생각하라는 의미는 아니라고 봐야 한다. 회사의 취업규칙도 특별한 개인의 희생까지를 의무로 상정했다고 보기는 어렵다고 할 수 있다.

만약 사고선박이 여객선이었다면 나의 판단도 달랐을 것이다. 여객선의 경우에는 승무원들이 승객의 안전을 우선적으로 고려해야 하기 때문에 승객들을 탈출시키다가 미처 자신이 빠져 나오지 못했다면 그것은 의로운 행위이기는 하나 직무 외의 행위로 보

> 기 어려울 것이다.
>
> 하지만 고인이 승선·근무하였던 유류운반선의 경우에는 각자의 생명을 지키기 위한 자위조치를 취하는 것이 당연하다고 볼 수 있다. 그런데 고인은 다른 승무원들이 자신의 생명을 지키기 위해 선박을 탈출한 상황에서 마지막까지 자기를 위한 구명부표 하나 남겨두지 않고 모두 동료들에게 던져주었던 것이다. 이러한 고인의 행위는 직무와의 관련성이 없다고 하기는 어렵지만 통상적인 직무범위를 넘어선 숭고한 희생이라 봐야 하는 것이다.
>
> 나는 고인의 부친을 위로하면서 이러한 취지로 답장을 썼다. 그리고 법무담당관에게 보건복지부에도 나의 이런 견해를 전달하라고 했다. 그러면서 우리 분야에서 일어난 고귀한 희생에 대해서는 좀더 적극적으로 대응하여 해양수산인 뿐만 아니라 국민들로 하여금 남을 배려할 줄 아는 건강한 시민 정신이 확산되어 갈 수 있도록 하라고 했다.
>
> 노무현, 〈노무현의 리더십 이야기〉, 돌베개, 2019 일부

돈이 되지 않는 일임은 물론이고, 장관으로서 나서기 쉽지 않은 일이었음이 분명한데도 시민 한 사람 한 사람에 발 벗고 나서는 노무현의 모습에 큰 감동을 받았다. 나는 이 사건을 계기로 하여 노사모에 가입했다. 그의 개인 홈페이지를 통해 노무현을 알게 되고 노사모에

첫발을 들이게 됐다. 이 계기로 인하여 2002년 당시에 대선 경선에 참여하여 노무현 대통령을 응원하고 지원했다. 이것이 나의 첫 정치 참여이다.

실질적인 오프라인 노사모 활동도 시작했다. 이로 인해 노원노사모 상계동짱으로 활동했다. 이후 노무현 대통령이 당선되며 유시민이 주도하는 〈개혁국민정당〉 노원구 창당준비위원장으로 선정되어 일했다. 이로 인해 노원구 지역당을 창당하게 됐다. 이후 열린우리당 창당에 합류하게 되며 나는 본격적인 정치 활동을 시작한다.

나는 열린우리당 활동에도 열정적으로 참여해서 상계2동 협의회장도 역임하고, 정당 문화를 새롭게 열어 가며 개혁국민정당과 합당하게 됐다. 새로운 정치 지역 정치 타파를 모토로 열린우리당을 창당했던 것이지만 지나고 보면 그 또한 정당 역사에서의 진보였고, 정당 운영과 문화가 진일보된 것이라고 개인적으로 평가하고 있다.

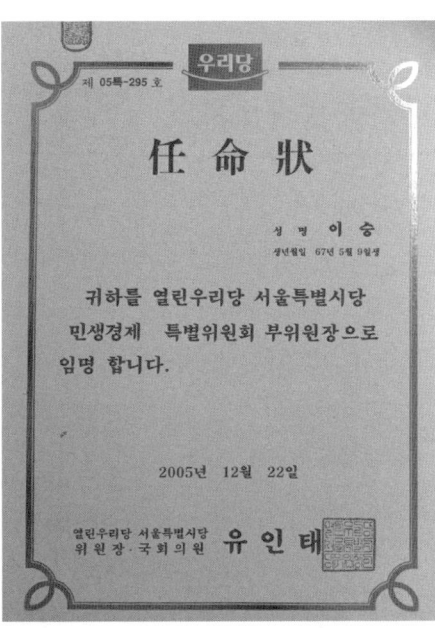

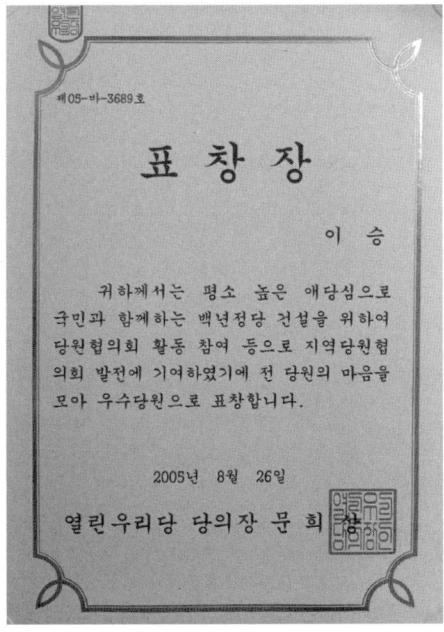

2.
광장에서 이재명을 만나다

박근혜 탄핵 시위와 이재명

일련의 사건들이 지나가며, 나는 지속적으로 정당에서 크고 작은 일들을 이어 가고 있었다. 그러던 중, 2016년 박근혜 탄핵 시위에서 이재명 당시 성남시장을 만나게 된다. 시위 초기부터 가장 먼저 탄핵을 주장했던 것이 당시 성남시장 이재명이었다. 누구보다도 먼저 광장에서 큰 소리로 박근혜 전 대통령의 탄핵을 주장하던 이재명의 자신감과 확신, 그리고 실행력에 나는 매료되었다. 이후 그와 뜻을 함께하고 싶다는 생각에 이재명의 전국 강연회에 따라가며 참여를 시작했다.

이 시기는 2016년 10월부터 2017년 4월에 걸쳐 진행되던 촛불집회이자 박근혜 대통령 퇴진 운동으로, 나의 정치 역사에도 매우 큰 영향을 주었다. 박근혜 대통령 퇴진 운동(朴槿惠大統領退陣運動)은 박근혜의 대통령직 사임 촉구와 기타 정치, 사회적 문제로 일어난 사회

운동이다. 언론에서는 통상적으로 촛불 집회라는 용어를 사용하기도 했다. 학술적으로는 촛불 항쟁(촛불 抗爭)으로 부르며 일부에서는 혁명으로 평가해 촛불 혁명(촛불 革命)으로 부르기도 한 대형 집회이자, 우리나라 민주 사회에 큰 영향을 준 시기이기도 하다.

당시 인상 깊었던 이재명 전 성남시장의 인상 깊은 연설에 대한 기사 자료를 아래 첨부한다.

이재명 "박 前대통령 즉시 처벌돼야…청와대서 지금 퇴거하라"

더불어민주당 이재명 성남시장은 10일 파면된 박근혜 전 대통령을 향해 엄정한 수사와 처벌이 이뤄져야 한다고 밝혔다.

이 시장은 이날 저녁 광화문광장 촛불집회에 참석해 "대통령 지위와 권한을 누린 만큼 저지른 범죄행위에 대해 국민과 동일하게 즉시 수사를 받고, 상응한 처벌을 감수해야 한다"고 말했다.

그는 박 전 대통령이 헌법재판소의 탄핵심판 선고 이후 아직 입장을 표명하지 않은 상태에서 청와대에 머무는 데 대해 "본인은 납득하고 받아들이기 힘들겠지만, 헌정질서를 그나마 존중한다면 지금 즉시 퇴거하는 게 옳다"고 지적했다.

> (중략)
>
> 이 시장은 "지금까지는 과거 청산을 위해 질주해왔다면, 지금 이 순간부터는 새로운 미래와 공정한 새 나라를 위해 온 국민이 힘을 합쳐야 한다"고 말했다.
>
> 당 지도부가 11일 촛불집회를 마지막으로 당 차원의 참여를 자제하겠다고 밝힌 데 대해서는 "앞으로 촛불시위가 계속될지는 국민 뜻에 달렸다. 촛불혁명 마지막 한 순간까지 계속 같이 할 생각"이라고 강조했다. (후략)
>
> 연합뉴스, 2017.03.10.
> https://www.yna.co.kr/view/AKR20170310200300001

첫 번째 대선 경선 참여, 그리고 문재인 대통령

많은 국민의 뜻이 모인 가운데, 2017년 3월 10일 11시 21분. "주문. 피청구인 대통령 박근혜를 파면한다."라는 이정미 헌재소장 권한대행의 선언과 함께 박근혜 대통령이 탄핵됐다. 이 선언으로 인하여 이전까지 대통령직을 맡아 온 박근혜는 대통령으로서의 자격을 완전히 상실하였다. 많은 이들이 노력한 끝에 얻은 쾌거였다.

박근혜 탄핵 후 대선 경선을 치루면서 당시 문재인 당 대표와 이재명 성남시장, 안희정 충남도지사, 최성 고양시장이 후보로 나왔다. 나는 이재명을 지지하며 이른바 〈손가락 혁명군〉(줄여서 손가혁) 서울 동남권 대표를, 〈서울 공정포럼〉 공동대표도 맡았다. 손가혁은 이재명의 팬클럽이자 당시 대표적인 지지층이었다. 이재명이 현재보다 진보적인 정책을 더 많이 내건 2010년대까지 이재명의 주요 지지층으로 여겨졌다.

손가락 혁명군에 대한 당시 이재명의 SNS 언급 내용

손가락 혁명군 활동 당시 사진

손가락 혁명군 활동 당시 사진

내가 참여했던 손가락 혁명군의 당시 사용하던 기(旗)

이재명과 손가락 혁명군은 이재명 시장의 지지층의 인터넷 활동을 통해 정치적 개혁을 한다는 취지로 2011년경 최초로 개설되었다. 당시의 이름은 '이재명과 소주한잔'. 이후 2015년경에 대중들에게 잘 알려진 '이재명과 손가락혁명군'으로 카페명을 바꿨고, 대선경선이 끝난 현재는 이름을 '재명 투게더'로 바꾸어서 활동 중인 단체이다.

당시 이재명 대선 후보의 광주 출정식 때 나는 버스를 대절하고 깃발을 제작해서 함께 광주로 내려갔다.[6] 나는 출정식 이후 본격적인 대선 경선에서 활동을 하게 되었다. 공정 캠프에서 민원 실장과 서울 공정 포럼 공동 대표를 맡아 활동했다. 이후 치러진 민주당 경선에서 이재명이 지고 문재인 민주당 대표가 대통령 후보로 출마하였고, 국민의 압도적인 지지를 받아 대통령이 되었다.

---

6 2017년 1월 15일 광주광역시에서 열린 이재명의 대선 출정식은 1월 6일 페이스북에 이재명 시장이 '출정이다! 손가락혁명동지 여러분!'이란 제목의 글에서 "15일 (오후) 2시 광주 김대중컨벤션센터. 손가락혁명군이 드디어 출정합니다. 특무상사 이재명도 함께합니다. 전국 아니, 전 세계 손가락혁명동지 여러분 광주에서 만납시다!!"라고 밝히며 손가락혁명군을 언급하기도 했다.

3.
여당 대통령 후보가 된 이재명
그리고 0.74% 낙선

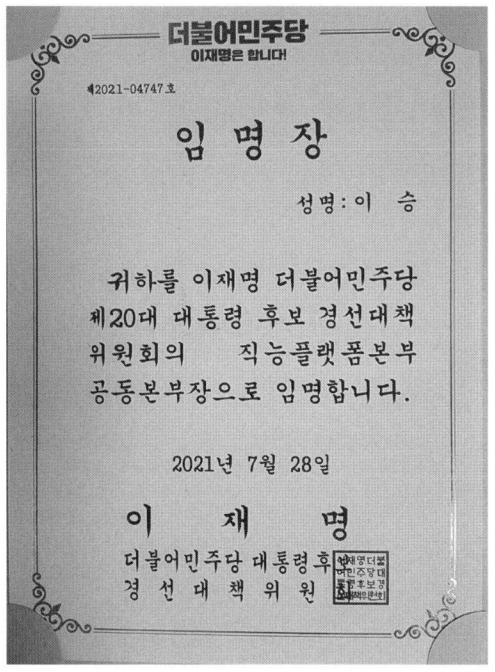

문재인 대통령의 5년 임기가 끝나가는 시기가 되었고, 나는 또다시 2020년 9월 코로나 기간 중에 대선 경선을 준비하는 모임에 참석하

게 되었다. 대선 경선을 준비하며 시민 캠프 상황 본부장을 맡아 일하게 되었다.

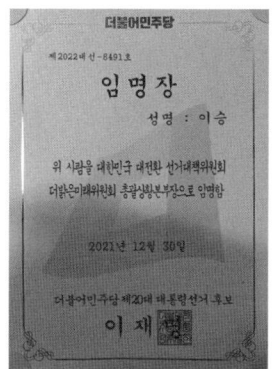
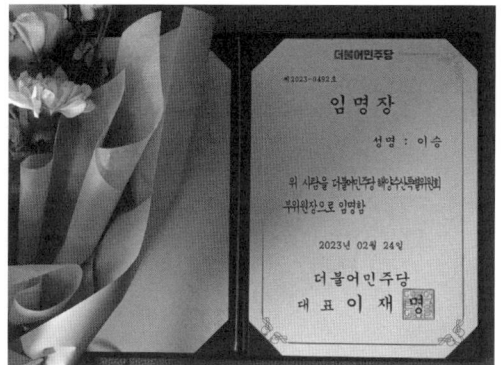

 내가 이재명을 높이 샀던 부분은 일관성과 실천력이 좋다는 점이다. 그의 능력에 대한 믿음이 촛불 광장에서부터 경선까지 이재명을 일관되게 지지하도록 움직였다. 특히 청렴에 기반한 일관성과 추진력에 높은 신뢰를 가져서 지금까지 함께하는 동력이 되었다. 이에 지난 대선 본선에서 패배했지만 이러한 이재명에 대한 평가가 나를 보궐선거 시민 참여 본부장까지 이끈 것이다.

 그러나 2022년 3월 10일 오전 4시 40분, 윤석열 대통령이 당선되며 불과 0.74%라는 아주 미세한 표차로 이재명 후보는 낙선을 하게 되었다. 이재명 후보는 1601만 표, 윤 당선자는 1,627만 표였다. 24만 표 정도에 해당하는 아주 적은 표 차이다. 역대 선거 중에 1, 2위 후보의 표 차가 가장 적은 역대급 선거였다. 강한 자신감과 확신을 가지고 이재명 후보의 당선을 도왔기 때문에 절망도 컸다.

절치부심의 마음으로, 패배를 딛고 일어나 보궐선거까지

질 수 없는 선거를 졌다고 생각했다. 처음엔 분노가 먼저 일었고 그다음으론 패배감이 나를 감쌌다. 그러나 좌절하고 있을 수만은 없었다. 이번이 마지막이 아님은 물론이고, 이토록 적은 표 차는 승리한 정권에게도 분명 위기로 다가올 터였다. 내가 믿고 따랐던 이재명 후보와 또 그를 지지했을 국민들을 생각하면 지금 상황을 정확하게 진단해야 했다. 그래야만 앞으로 나아갈 수 있을 것이라 생각했기 때문이다.

내가 생각하는 패인과 당에서 생각하는 패인들을 짚어 봤다. 이번의 실패를 말미암아 다시는 실패하지 않을 수 있다고 생각했기 때문이다. 이전의 내가 과거의 실패에서 배워 왔듯이 이후의 성공 또한 오늘의 실패에서 말미암아 나아갈 수 있으리라고 믿었다.

패인은 여러 요인들이 있겠지만 그중 하나 아쉬웠던 점은 심상정 후보에게 향한 80만 표. 안철수가 단일화되며 심상정을 과감하게 껴안지 못한 것이다. 또한 치열했던 대선 경선 후유증을 조기에 극복하지 못했던 것 또한 패배의 한 요인이었다고 생각한다.

당시 이재명 경선 후보와 상당한 격차로 지지를 받고 있었던 이낙연이 패배를 빠르게 인정하지 않고 승복 연설이 늦춰졌던 바가 있다.

이 과정에서 이낙연 지지자가 민주당 지지 진영에서 이탈하면서 민주당 내부와 지지자들 사이에서도 정권 연장에 소극적인 참여가 있던 것이 패배의 원인 중 하나라고 볼 수 있을 것이다. 내부 경선 후유증을 제대로 극복하지 못했던 것이 한계고 패인이라고 생각한다.

또 다른 패인은 코로나 소상공인 지원금 관련된 집행 시기에 대한 견해차에도 있었다고 본다. 문재인 정부가 집권하며 당시 박근혜 이후 정권 교체에 대한 강한 열망으로 국회의원석도 또한 무척 큰 차이로 가지고 있던 집권당이었다. 나의 사견으로는 코로나 지원금 지급 시기를 대선 이전으로 앞당겼다면 민심도 다소 달라졌을 것이라 생각한다. 이재명 대표는 홍남기 기획재정부 장관에게 코로나 소상공인에게 100만 원의 지원금을 대선 전에 지급하자고 주장을 했으나, 기재부 관료들의 거부로 결과적으로 대선 전에 집행되지 못했다. 이는 장관의 판단인 한편 문재인 정부의 판단이기도 한 것으로 생각할 수 있다. 나는 그것이 결과적으로 미세한 표차로 이어졌다고 생각하여 아쉬운 부분이 있다. 코로나19로 인하여 여러 가지로 어려운 상황에 놓인 국민들에게 조금이라도 숨 쉴 틈을 보다 미리 줬더라면 정권 심판론 등의 반감을 가진 사람들의 마음을 돌릴 수 있지 않았을까 하는 아쉬움이다. 재정 건전성을 이유로 거부를 했지만 실제로는 바로 실행이 가능한 것이 증명되기도 한 점이 또 하나의 근거가 될 수 있겠다. 여당인 동시에 큰 표차로 집권하고 있던 상태여서 예산 집행 또한 충분히 빠르게 가능했을 것이라는 가정과 추측만이 진한 아쉬움으로 남을 뿐이다. 실제로 윤석열 대통령은 행정권을 넘겨받자마자 소상공인 지원금을 바로 집행하기도 했다. 주장을 묵살해 버린 것이 일종의 저항이나 이낙연 경선 후보 탈락에 대한 거부 반응이라고 생각하게 되는 것도 어찌 보면 자연스러운 생각의 흐름이다. 아쉽게도 고위 관료들의 저항에 부딪혔지만 당시에 소상공인과 중소기업을 상대로 한 금융 지원금을 보다 서둘러 줬더라면 결과가 바뀌었을 것이라고 생각한다. 민심도 챙기고 경제에 활력을 줄 수 있는 효과적인 방법이라서 지금 생각해도 아쉬운 패인 중 하나이다.

한편 부동산 폭등에 따른 성난 민심도 한 가지 이유라고 생각한다. 경제 구조가 변화하고 부동산값이 상승하고, 금리가 오르고 내리는 데에는 수많은 요소들이 작용하여 결과가 발생한다. 그러나 국민은 현상에 대해서 판단하는 경우가 많다. 눈에 보이는 결과치를 가지고 정부의 탓으로 돌리는 것이 일반적인 반응이다. 그럴 수밖에 없는 것이 모든 국민이 국제 경제와 뉴스에 밝은 전문가도 아닐뿐더러 현실적으로 그럴 수도 없기 때문이다. 당시에는 국제적으로 저금리 시대에 영혼까지 끌어모아 투자하는 이른바 '영끌' 부동산 강풍이 일어서 폭등이 일어났었다. 당시에는 미 연준 금리에 의한 미국의 금리가 아주 낮고, 때문에 우리나라 금리 또한 낮았던지라 돈이 은행으로 가지 않고 부동산 시장으로 흘러들어 갔던 것이다. 특히 젊은 층에서 코인이나 부동산 등의 상승세가 뚜렷한 자산에 대한 투자 광풍이 불며 부동산 폭등 현상이 빚어졌다. 이 현상의 이면에는 국제적 저금리 상황에서 투자처를 찾지 못하고 젊은 층이 부동산에 대한 애착으로 발생한 왜곡 현상인데 문재인 대통령이 잘못한 것으로 끌어안을 수밖에 없었던 것이다. 이는 단정적으로 진단하자면 문 정권의 불운 중 하나라고 볼 수도 있겠다. 당시 상황에서는 어쩔 수 없었고, 김현미 장관이 20여 번 이상의 대책위도 열었지만 국민들에게는 큰 실망을 주었다. 이로 인해 정권 신뢰가 추락하며 정권 교체에 대한 성난 민심을 극복하지 못한 것 또한 중요한 원인이 되었다. 부동산 실패까지, 내가 생각한 이재명 당선의 실패의 이면은 이러하다.

이렇게 충격적인 대통령 선거에 패배 이후 이재명 대선 후보가 보궐선거에 출마하게 됐다. 대선에 출마하며 경기 지사직은 사퇴하였고, 계양구 을에 2022년 5월 8일 출마 선언을 하기에 이른다. 하지만 당시 이재명 상임 고문의 연고가 없는 지역이기도 하였고, 보좌진들 역시 마찬가지였다. 이 때문에 인천 지역 당 내부에서 선거 운동 과정에서 다양한 갈등도 겪었다. 말단에서부터 서서히, 그리고 조용하게 번진 문제라서 자칫하면 선거운동본부 내부에서 큰 문제로 발전할 수도 있었던 갈등이었다. 그것을 제일 먼저 캐치해서 지역구 당원들과 화합적 결합이 되지 못한 상태에서 초기에 문제가 있었던 것을 극복한 것이 바로 나였다. 문제 상황을 바로 감지해 낸 이후 나는 인천 시민 사회의 지지를 이끌어 내고 지역 당원들과 융화를 하지 못해서 가졌던 리스크들을 해결해 냈다. 당원들의 소외감에 따른 어려움을 진단하고 해결해서 재보궐선거 당선에 성공하게 되었다. 당원 소외감을 조기 진압하여 자칫 당시 패할 수도 있었던 선거를 극적이고 빠른 대처로 진단하여 위기를 극복해 냈다는 점에서 이재명 대표의 보궐선거 당선에서 내가 이룬 역할이 제법 크다고 자신할 수 있는 이유다.

4.
새만금의 미래에 몸을 던지다

나는 언제나 나의 정체성, 내가 어디에서부터 왔는가와 어디로 가야 하는가를 잊지 않으려 한다. 그렇다면 그곳은 어디인가? 당연하게도 지금의 나를 만들어 준 곳. 새만금이다.

뼛속까지 고향 사랑으로 가득 찬 사람. 그것이 바로 나이다. 뿌리가 단단한 사람이야말로 곧은줄기와 가지를 가질 수 있다. 또 그로 인해 아름다운 잎과 열매를 맺을 수 있는 것은 주지의 사실이다.

나는 김제 토박이 출향인의 한 사람으로 유년 시절부터 청년기까지 광활한 지평선이 보이는 평야를 바라보며 자랐다. 어린 시절에 나섰던 서해 바다 만경강. 그 어딘가의 작은 포구에서 갯벌 놀이와 망둥어 낚시를 추억한다.

나는 고향을 늘 그리워하는 김제 출향인들의 모임인 재경 노원·강북 김제향우회에서 활동하며 매년 지평선축제에 참가하곤 했다. 그곳에서 나는 온전히 나로 존재할 수 있었다. 학력과 나이가 모두 같지는 않지만 고향의 과거와 미래에 대한 이야기를 나누다 보면 시간이 가는 줄도 몰랐다. 우리는 모두 새만금이 가진 무한한 가능성과 생명력을 알고 있다. 그렇기에 우리가 나고 자란 이 고향을 반드시 생명의 땅, 과학의 땅, 세계로 뻗어 가는 땅을 만들자고 결의를 다지곤 했다.

김제 향우회는 1대 고 김광남 회장, 2대 김현태 회장, 3대 박창현 회장, 4대 조병엽 회장을 거쳐 운영되었다. 나는 청년국장, 사무국장, 부회장을 거쳐 5대(2020.1.~2023.2.) 회장으로 3년을 지역 향우회에 봉사하며 고향 사랑과 잘 사는 김제와 농촌을 염원해 왔다.

 새만금 간척 사업은 1987년 대통령 선거 당시 노태우 후보 측의 선심성 전략으로 처음 등장했다. 이전까지 새만금 공사는 1970년대부터 진행된 서남해안 개발 공사 중 하나일 뿐이었다. 이후 새만금 간척 사업은 다양한 변화를 거쳐 1987년 지금의 김제, 부안, 군산을 포함하는 형태가 됐고, 이름도 지금의 '새만금 간척 종합 사업'으로 바뀌게 되어 대규모 국책 사업으로 성장했다. 그러나 처음에 새만금 간척 사업은 노태우 측의 대선 전략에 포함되지 않았는데 이는 새만금 사업의 경제적 효과에 대해 정부 부처의 경제 관련 인사들이 대부분 회의를 가졌기 때문이다. 이로 인해 전북의 도민들은 상당히 큰 실망감을 가지게 됐고, 이를 의식한 노태우 후보 측은 선거를 엿새 앞두고 가진 전주 유세에서 새만금 간척 종합 사업을 공약에 포함시키고 기자회견을 연다. 많은 경제계 인사들이 재원조달과 경제성을 이유로 사업 추진 불가를 선언하며 포기한 이 사업이 선거 엿새 전 선심성 공약으로 부활한 것이다. 그리고 1991년 11월 28일 새만금 간척 사업의 시작을 알리는 기공식이 시행됐다. 전북 부안에서 만난 한 택시기사는 당시의 기공식에 대해 "대통령이 온다는데 헬기가 착륙할 만한 곳이 없어서 변산해수욕장에다 하루 만에 콘크리트를 붓고 착륙장을 만드는 난리를 쳤다"라며 당시 새만금 사업이 얼마나 긴박하게 이루어졌는지에 대한 분위기를 전했다.

이후 새만금 간척 사업은 각종 선거에서 승리를 위한 공약으로 쓰이게 된다. 1992년 4월 총선을 앞두고 여러 후보들은 자신이 새만금 간척 사업을 시행시킨 공로자이며 또한 자신이 이 사업의 적임자임을 주장한다. 이는 1995년 실시된 지방선거에서 그대로 되풀이된다. 심지어 1992년 대선에서 한 후보는 새만금 공사를 2년 안에 끝내겠다는 공약을 내세우기까지 한다. 노태우 정권이 물러나고 들어선 김영삼 정권과 김대중 정권 또한 새만금 간척 사업에 대해서는 사실상 노태우 정권과 다를 것이 없었으며 새만금 간척 사업을 자신들의 공약에 포함시켰다. 친환경적인 개발이라는 단어를 은근슬쩍 공약 중간에 집어넣었지만 사업의 큰 틀은 전혀 변화하지 않았으며 새만금 간척 사업의 핑크빛 미래가 허구였다는 사실이 하나둘 드러나는 상황에서 공사를 그대로 추진시키기까지 한다.

새만금 간척 사업은 33.9km의 방조제를 세우고 4만 1,000ha의 해수면을 메워 각각 육지와 담수호로 만드는 대사업이다. 이러한 대사업에 빠질 수 없는 단어가 있다. 바로 '로비'와 '유착'이다. '단군 이래 최대의 사업'이라는 칭호를 얻었던 새만금 간척 사업은 이후 정치권의 가장 큰 돈줄로 사용됐다. 많은 파문을 일으켰던 노태우 전 대통령의 비자금 조성에 있어 큰 부분을 자치했던 것이 새만금 간척 사업이었음은 크게 놀라운 일이 아니다. 노태우 전 대통령의 비자금 4,000여억 원이 공개되었을 때 재임 5년간에 실시된 주요 국책 사업에 대한 의혹이 본격적으로 불거졌으며 입찰을 둘러싸고 벌어졌던 각종 비리들이 물 위로 드러나기 시작했다. 이렇게 새만금 간척 사업은 정치권의 마르지 않는 돈줄로 그 비극적인 태동을 시작하게 된다.[7]

---

7 출처 : http://www.snujn.com/news/2023

나는 진봉면 고사리 852번지 인향마을, 새만금의 그야말로 중심에서 태어나고 자랐다. 새만금에서 초등학교, 중학교, 고등학교를 모두 다녔다. 심창초등학교, 만경중학교, 만경고등학교, 내가 태어나고 자란 곳이기에 새만금 사업이 가진 역사는 물론 갯벌에 대한 추억, 그리고 그의 가치를 누구보다 잘 알고 있다. 33.9km라는 세계 최대 방조제가 가진 명과 암, 그리고 주민들이 가지고 있는 상처와 정치권에 이용되어 왔던 일들, 민심에 대해서 누구보다도 잘 아는 사람이기도 하다.

나는 동시에 해양 전문가다. 그리고 정치권에는 해양 전문가가 그동안 전무했다. 삼면이 바다로 둘러싸인 나라인데도 이 사실은 무척 아이러니하고 아쉬운 부분이다. 새만금에 대한 이해가 부족하다 보니 정책 또한 매번 흐지부지되고 뒤엎어졌던 것 또한 당연하다. 초기에는 농업용 토지로 활용하기 위해 시작한 사업이었으나 지금은 시대의 흐름이 바뀌면서 항만 개발로 나아갈 때가 되었다. 새만금 항만 개발을 통해 국제 경쟁력을 확보하고, 지역 균형 개발까지 확장해 나가겠다는 나의 다짐이 이제는 확신으로 바뀌었다. 이후 서술되는 장에서 새만금에 대한 비전과 이야기를 상술하도록 하겠다.

5.
내가 정치에 적극 참여하는 이유

국가와 사회, 그리고 정치는 어떻게 시작되었는가. 개인이 그저 개인으로서 존재하며 살아가는 것은 쉽지 않다. 시간과 에너지, 자원도 한정적이며 각자가 가진 전문 분야도 다르다. 내가 운전할 수 있는 차를 가지고 있다고 하여도 도로가 닦여 있지 않으면 운전이 불가능하다. 그렇지만 개인의 차원에서 도로를 정비하는 것은 불가능에 가까운 일이다. 그래서 개인들은 공동체를 만들고, 더 나아가 국가를 만들었다. 개인이 할 수 없는 것들을 해결하기 위하여 공동체로서의 역량을 키운 것이다. 말하자면 개인을 골고루 더 행복하게 만들기 위해 공동체와 국가를 만든 것이라 할 수 있겠다. 정치라는 본령, 정치의 기능은 집단과 개인의 이해관계를 고루 살피고 보호하기 위한 것이다. 그리고 이 모든 과정은 입법과 사법, 행정의 삼권을 통해서 서로를 견제하고 보완하며 나라를 운영하는 것이라고 생각에 있다고 생각한다.

그렇다면 지금 우리나라 정치는 어디에 있는가. 나는 현재 우리나라의 정치 민주화는 상당 수준 이루어졌다고 생각한다. 전례 없이 대통령 탄핵을 시민의 손으로 이루어 내어 전 세계의 주목을 한눈에 받은 나라가 바로 대한민국이다. 그런데 경제 민주화에 있어서는 아직 갈 길이 제법 멀었다고 생각한다. 세계 정치와 경제 속에서 우리나라가 가지는 국가의 영향력과 위치는 날이 다르게 커졌으나 그 안에서의 양극화는 무척 심한 상황이다. 이른바 '수도권 집중', 소위 말하는 '서울 공화국' 현상이다. 개개인의 빈부격차는 물론이고, 지방과 대도시의 격차가 무척 크다. 우리는 양극화 시대에 살고 있고, 이러한 것들을 정치라는 영역이 완화해 줄 필요가 있음을 설파하고 싶다.

특히 나는 김제, 부안, 군산과 같은 농어촌에 주목한다. 그중에서도 김제와 부안은 농어촌 지역이다. 우리나라의 많은 농어촌 지역은 인구 감소에 따른 지방 소멸 지수가 매우 높은 편이다. 새로 태어나는 사람도 없으며, 유입되는 인구 또한 거의 존재하지 않는다. 그래서 나의 고민은 여기에서 시작된다. 어떻게 하면 인구 유입 정책을 할 수 있을 것인가, 이다.

나는 이재명 대통령 후보 시절 농어촌 인구 유입 정책에 직접 아이디어를 제공했다. 그저 탁상공론만을 일삼는 다른 전문가와 달리 나는 직접 내가 살았던 곳에 대한 지식을 바탕으로 자문을 할 수 있었다. 때문에 이 시기에 만들었던 수많은 정책과 아이디어는 내가 당선된 이후 농어촌 소멸 방지에 따른 정책으로 즉각 실행될 수 있는 상황이다.

지방 소멸 문제는 국가적으로 심각한 부분이기도 하다. 저출산, 고령화와 마찬가지로 인구 소멸론이 대두될 정도로 저출산 문제가 심각하다. 농촌 고령화와 그에 따른 인구 감소는 지방 소멸을 가속화시키고 있는 것이 현실이다. 인구 유입이 되어야 지방 시장 기능이 살아날 수 있다.

국가적으로, 국토 안에 있는 많은 지방 소도시들이 안고 있는 공통적인 문제가 있다. 수도권은 과밀화되고 집값은 폭등하여 젊은이들이 살기 힘든 상황이고, 지방은 소멸되고 있어 일자리를 구하기 어렵기 때문에 또 수도권으로 인구가 몰린다. 안타까운 현실이다.

결국은 정치적인 영역에서 좋은 정책으로 효과적으로 인구가 자연스럽게 유입될 수 있는 장치를 만들어 내는 것이 정치의 역할이라고 생각한다. 나는 이재명 대통령 후보 시절에 제안했던 인구 유입 정책을 반드시 실현해서 지속 가능한 지방으로 탈바꿈시킬 수 있도록 빠른 시일 내에 실행할 필요성이 있다고 보았다. 또한 그에 따른 청년들의 결혼 기피 풍토, 국가적인 위기를 정치인으로서 선도적으로 지원을 할 필요가 있다고 주장하고 싶다.

나는 내가 나고 자란 곳, 이 시골 학교를 지키고 싶고 발전시키고 싶다. 나의 터전이 보다 잘되었으면 하는 마음 때문에 지방 문제에 대해서는 누구보다 애정을 많이 가지고 계속 고민을 이어 나가고 있으며, 실제로 나는 누구보다도 이곳을 좋은 방향으로 변화시킬 자신이 있다.

Chapter 03

대한민국의 미래
그리고 새만금의 미래

1.
새만금의 과거와 현재

지리적 입지

새만금 방조제 내수면으로 흘러드는 물줄기를 대표하는 것이 만경강과 동진강이다. 이 강들은 서부 평야 지대를 관통하여 호남평야의 젖줄이 되었고, 더불어 온갖 물산이 유통되며 정치, 경제, 사회, 문화가 넘나드는 소통의 공간이 되었다.

만경강은 완주군 동상면 사봉리 범티마을이 발원지로 길이가 80.86km이며, 화평천, 소양천, 전주천, 탑천이 합류되어 이룬 강이다. 동진강은 정읍시 산외면 상두천에서 발원하여 길이가 44.7km이며, 정읍천, 고부천, 원평천이 합류되어 이룬 강이다. 이 두 강은 새만금에서 합수되어 새만금호를 만들었다.[8]

---

8 https://www.saemangeum.go.kr/sda/content.do?key=2009074387385

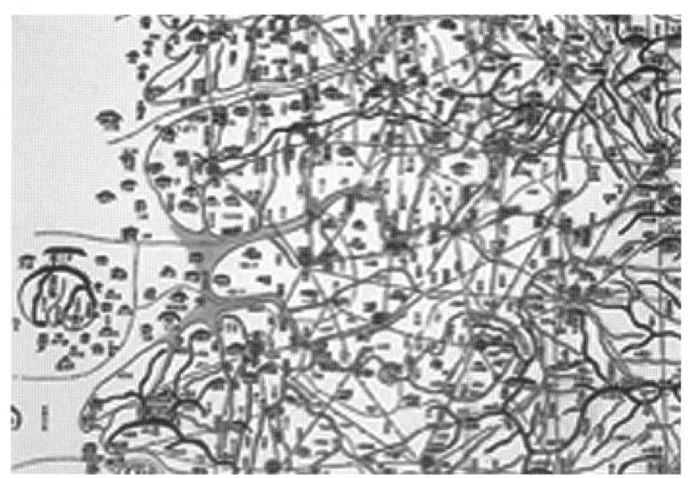

새만금 유역의 옛 모습(조선 후기)

1987년 새만금 유역 항공 사진

2019년 새만금 유역 항공 사진

새만금의 과거부터 현재까지

인류의 정착과 해양교류의 시작, 준왕 남천

새만금지역에는 구석기시대부터 사람들이 살기 시작했다. 새만금 앞바다에는 우리나라 600여 개소의 패총(조개무덤) 가운데 200여 개소의 패총이 밀집되어 있다. 군산 비응도, 가도, 띠섬, 노래섬, 부안 대항리 패총의 출토유물을 통해 신석기시대부터 인간의 활동과 해양교류가 활발했음을 알 수 있다. 특히 기원전 194년 고조선 준왕이 남쪽으로 배를 타고 새만금 유역(금강 하구)으로 들어와 철기문화를 보급하고 한왕이라 칭하였다.

김제 벽골제와 새만금 간척

벽골제는 우리나라에서 처음으로 흙을 쌓아 만든 최고의 고대 저수지이다. 백제 11대 비류왕 27년(330)에 처음 만들고 이후 조선 시대까지 고쳐 쌓았다. 세계 최대 길이의 새만금 방조제가 우리나라에서 가장 오래된 벽골제에서 비롯한다. 새만금 방조제는 김제 벽골제의 10배의 규모(길이, 높이, 너비, 내부개발면적 등)로서 700년의 토목 기술의 변화·발전된 모습을 보여 준다.

백제 국제제사의 장, 부안 죽막동 유적

부안 죽막동 유적은 백제, 마한, 대가야, 일본(왜), 중국 등이 참여한 국제적인 해양 제사가 수백 년 동안 이루어진 삼국시대 최대의 해양 제사 터다. 부안 죽막동 유적은 당시 해상 교류의 중요한 길목으로 국제항로가 있으며, 국제 무역이 성행했음을 보여 준다.

백제 국제 해전

백제 의자왕 20년(660.7월) 백제가 나당연합군에 항복하자 복신 장군 등은 일본에 있던 왕자 풍을 왕으로 추대하고 백제부흥운동(660.8.~664.3.)을 새만금 앞바다와 우금산성을 중심으로 전개하였다. 백강전투로 불리는 국제 해전(백제와 왜↔신라와 당)이 663년 8월에 일어나는 등 백제 최후의 항거지로 잘 알려져 있다.

후백제 국제항구 신창진

후백제(900~936) 견훤왕은 옛 백제의 국제 외교를 복원하기 위해 중국 오월국, 일본(왜), 거란 등과 교류를 활성화하였다. 대외 관문으로 추정되는 김제 신창진을 통하여 중국의 청자 기술이 전래되는 등 새만금은 후백제 국제외교의 관문이었다.

고려 국제외교의 장, 고군산군도

고군산군도는 고려시대 송나라 서긍 사신단이 이용했던 사단항로의 중간 정착지이다. 1123년 3월 송나라 국신사 일행은 수도 개봉에서 출발, 5월 고군산군도에서 국가 차원의 영접을 받았다. 당시 고려 대표로 김부식(삼국사기 저자)이 참여하였다. 6월 개성에서 일정을 마무리한 후 귀국 시 고군산군도에서 20일가량 추가로 머물렀다. 이러한 내용들이 중국 사서 《선화봉사고려도경(宣和奉使高麗圖經)》에 기록되어 있다. 선유도에는 고려 왕이 임시로 머물렀던 숭산행궁을 비롯하여 군산정, 자복사, 왕릉 등 중요 유적이 분포하는 등 동북아 외교의 역사적 현장으로 알려져 있다.

고려 해양물류의 중심지

새만금 유역인 십이동파도, 야미도, 비안도에서 침몰선 3척이 발굴되었다. 당시 국가에서 운영한 부안(유천리, 진서리 요지)과 강진의 청자관요에서 생산된 자기를 수도 개경으로 운반했던 조운선이 활발하게 활동했음을 알 수 있다. 또한 이 시기 국제 해양 실크로드가 완성되어 새만금은 고려 시대 해양물류의 중심지로 거듭나게 되었다.

명승과 천연기념물이 자리한 고군산군도

군산 앞바다에는 총 63개의 크고 작은 섬이 분포하며, 이를 고군산군도라 한다. 이 중 선유도는 섬의 경치가 가장 아름다워 신선이 놀았다 하며, 선유 낙조는 하늘과 바다가 모두 붉은 색조로 변하여 저명한 자연경관을 형성하고 있다. 또한 말도에는 선캄브리아기의 지층 구조가 잘 남아 있어 학술적 가치가 매우 높다.

조선의 마지막, 백산성과 간재 선생

해발 약 48m 백산 정상부를 감싸고 축조된 부안 백산성은 선사시대부터 중심지 역할을 하였으며 1894년 동학농민이 봉기하였던 역사적인 현장이다. 간재 전우(1841~1922)는 조선 시대 마지막 성리학자로 이이와 송시열의 사상을 신봉하였고, 나라를 잃자 1910년부터 1922년까지 부안 계화도에서 학문정진 및 후학 양성에 전념하였다.

근대화의 물결과 일제의 수탈, 그리고 대규모 간척

대한제국 정부와 고종황제는 1899년 5월 1일 군산항을 자주적으로 개항하였다. 일본인들은 이곳을 쌀 수탈의 전진기지로 삼았으며, 1933년에는 우리나라 전체 쌀 생산량의 53.4%가 일본으로 수탈되었다. 한편 이 당시 국내 최대규모의 김제 광활간척지(1,651ha)가 백성들의 피와 땀으로 조성되었다. 해방 후 1960년대에 부안 계화간척지(2,741ha)가 조성되어 오늘날 호남평야가 완성되었으며, 식량안보를 이끌었다.

새만금 사업

전라북도의 만경강과 동진강의 하구를 방조제로 막은 뒤 내부를 매립하는 간척 사업을 말한다.

새만금 방조제는 총 길이가 33.9km로 세계에서 가장 긴 방조제로 기네스북에 등재되었다.

'새만금'이란 전국 최대의 곡창지대인 만경평야와 김제평야가 합쳐져 새로운 땅이 생긴다는 뜻으로, 만경평야의 '만'(萬) 자와 김제평야의 '금'(金) 자를 따서 새만금이라 하였다. 전라북도 김제시의 김제·만경평야는 예부터 '금만평야'로 불렸는데, 새만금은 이 '금만'이라는 말을 '만금'으로 바꾸고, 새롭다는 뜻의 '새'를 덧붙여 만든 말이다. 오래 전부터 옥토로 유명한 만경·김제평야와 같은 옥토를 새로이 일구어 내겠다는 의미가 담겨 있다. 정부는 2010년 1월 29일에 새만금 신도시 이름을 아리울로 선정했으며, 새만금이라는 이름도 계속 사용한다고 밝혔다.

　새만금이라는 지역명이 널리 알려지게 된 것은 1987년 7월 정부가 '새만금 간척 종합개발사업'을 발표하면서부터이다. 당시 정부는 대선을 앞둔 시점에 단군 이래 최대규모의 간척 사업을 공약으로 내놓았다. 이때부터 새만금은 수많은 우여곡절의 주인공이 된다. 1991년 방조제 착공 이후 몇 년간 순조롭게 진행되던 새만금 사업은 1995년 환경담론이 본격화되면서 논란의 중심에 서게 되었다. 이후 10여 년간 환경단체와 종교계, 그리고 지역 주민들을 중심으로 한 시위와 소송 등에 휘말리며 '세계 최대규모의 간척 사업'에서 우리 사회 갈등의 대명사로 전락하게 된다. 그러나 2006년 대법원 승소판결을 받으면서 10여 년간 이어져 온 지리멸렬한 법정 공방을 마감하고, 무려 20년간의 대역사를 통해 32.5km의 네덜란드 쥬다찌(Zuiderzee)방조제보다 더 긴 33.9km에 달하는 세계 최장의 방조제를 2010년 4월에 준공함으로써 2010년 8월 2일 기네스북에 등재되었다. 지금은 그간의 모든 갈등과 대립을 극복하고 녹색성장 시범지역으로서 가장 환경친화적인 사업을 추진하고 있다.

　새만금 방조제는 노태우 정부 시절인 1991년 11월에 착공하여 약 18년 5개월에 걸쳐 건설하였다. 만경강과 동진강의 유로를 연장하고 그 이외의 지역은 주변 수역의 준설토로 매립한다. 2006년 물막이 공사가, 2010년 방조제 도로 공사가 끝났고 매립작업과 부지조성은 2020년 끝났다. 2016년부터는 일부 공사가 먼저 끝난 지역에서 농사도 지을 수 있게 됐다. 2020년 스마트 수변도시가 착공하였고, 2021년 새만금 개발 기본계획이 변경되었다. 2020년 새만금 동서도로가 개통하였고, 2022년 새만금 남북도로 1단계 구간이 개통하였다. 2023년 7월 새만금 남북도로 2단계 구간이 개통되면 새만금 십자형(+) 간선도로가 완성된다.[9]

계획을 세우던 당시에는 농지가 상당 부분을 차지했었으나 20여 년이 흘러 시대가 변하고 갈수록 쌀 소비가 줄어들면서 계획이 계속 수정되며 새만금이 한동안 갈피를 잡지 못하고 사업이 빠른 속도로 진행되지 못하다가 2015년부터 사업 진행에 속도를 내기 시작했다. 특히, 새만금특별법 개정안의 통과로 인해 기업의 자유로운 투자가 쉬워지고 국가적인 새만금 개발이 가능해질 것으로 보인다. 실제로 새만금신항과 새만금포항고속도로의 건설이 시작되었으며 새만금 국제공항 건설도 확정됐다. 또한 중국과 한중경협단지를 조성하자는 말도 나오고 있다.

현재 네덜란드의 델프트 공과대학교와 함께 항공우주공학 분야 비파괴 연구소 설립을 위한 MOU를 체결한 상태이다. 전라북도청에서

---

9 새만금 나무위키 https://namu.wiki/w/%EC%83%88%EB%A7%8C%EA%B8%88

는 이를 기반으로 새만금을 항공우주산업 클러스터로 육성하고자 하는 계획을 수립한 상태이다.

2022년에는 하이퍼튜브 시험시설 유치에 성공했다. 부지가 100% 국유농경지여서 토지 수용에 문제가 없고, 사는 사람이 적어 민원 가능성도 희박하다는 장점이 있다.[10]

사업 개요

사업명 : 새만금종합개발사업
사업목적 : 동북아의 경제중심지로 개발
위치 : 전라북도 군산시, 김제시, 부안군 일원
사업면적 : 40,900ha(토지 29,100ha/담수호 11,800ha)
주요공사 : 방조제 33km, 배수갑문 2개소, 방수제 125km
사업기간 : 방조제(1991~2010년)/내부개발(2010~2020년)

사업 추진 현황

1975년~1987년 서남해안 간척자원 조사, 외곽시설 실시설계
1989년 11월~1991년 6월 사업시행 인가 고시(고시 제91-36호)
1991년 11월 16일 새만금 간척공사 기공
1991년 11월 28일 제1호, 제3호 사석제 끝막이 완공

---

10   새만금 나무위키 https://namu.wiki/w/%EC%83%88%EB%A7%8C%EA%B8%88

1998년 12월 30일 제1호 방조제 공사 준공

1999년 5월~2000년 6월 정부의 친환경적 순차개발 계획 확정

2001년 5월 25일 정부방침에 대한 세부실천계획 확정

2001년 8월 6일 신시배수갑문 기전공사 착공

2002년 3월 13일 가력배수갑문 기전공사 준공

2003년 12월 30일 방조제 33km 최종연결공사 성공

2006년 4년 21일 끝막이 이후 방조제 단면 보강공사

2006년 4월 방조제 물막이 완료 후 사면녹화 및 도로포장 진행 중. 방조제 담수호 측을 성토하여 친환경 다기능부지(509ha) 조성

2006년 5월 주요공정 - 방조제 도로높임 및 성토공사

2007년 가력, 신시 저층수배제시설 설치

2008년 2월 내부간척지 지형도제작 시행

2008년 5월 내부개발지 문화재지표조사 시행

2008년 12월 내부개발 기본계획 수립

2009년 10월 내부토지개발 착공을 위한 기본설계 중

2010년 4월 27일 준공(완공)

2011년 3월 16일 새만금 종합개발계획(Master Plan) 확정

사업 기간

1991년~2020년까지 총 30년

1991년~2009년 : 외곽시설

2009년~2020년 : 내부개발

사업비 투자 현황(단위 : 억 원)

구분	총사업비	2007년까지	2008년 계획	누계	2009년 이후
계	41,794	23,286 (56%)	1,798 (4%)	25,084 (60%)	16,710 (40%)
외곽시설 (계)	28,642	23,286 (81%)	1,798 (6%)	25,084 (87%)	3,558 (13%)
방조제	23,946	18,644	1,796	20,440	3,506
보상비	4,696	4,642	2	4,644	52
내부개발	13,152	-	-	-	13,152 (100%)

사업 목표

농업단지 조성

친환경 복합농업과 생태작물 재배를 통해 국가경쟁력을 확보하고 고부가가치 농산물 생산과 식품산업시설을 조성한다.

첨단산업단지

기계, 신재생에너지, 첨단소재, 조선기자재 등을 유치해 자연이 품은 첨단산업활력도시로 개발한다.

신재생에너지단지

미래 신재생에너지 산업 및 연구시설을 집중 육성하고 친환경적인 녹색에너지단지를 조성한다.

관광단지

가족형 관광과 해양레저가 함께하는 관광 도시로 개발하고 해양·생태·환경교육시설 및 레저시설을 건설한다.

배후도시

자연과 어우러진 주거 문화공간을 마련하고 살고 싶은 곳, 머무르고 싶은 곳으로 조성한다.

국제업무단지

동북아 경제중심지로 성장 기반을 마련하고 국제경쟁력을 확보할 수 있는 비즈니스 시설을 조성한다.

신항만 물류단지

국제물류 거점항(새만금항)으로 육성하고 아시아 중심 거점항으로 성장할 시설을 도입한다.

과학연구단지

첨단과학단지 건설을 통하여 국제경쟁력을 확보하고 미래형 첨단과학단지를 조성한다.

FDI 첨단산업단지

자유로운 경제활동이 이루어질 수 있는 첨단산업단지를 조성하고 특화된 미래 유망 첨단산업시설을 유치한다.

새만금 방조제의 구성

1호 방조제

1호 방조제는 부안군 변산면와 가력도를 연결하는 4.7km 방조제 구간이다.

- 가력도 휴게소 일대

부안군의 최북단에 해당하는 가력도 휴게소옥·가력도항 일대에 풍력 발전기, 관리시설, 한국농어촌공사 가력도유지관리사무소, 부안해양경찰서 가력도출장소 등이 있다. 공원 한가운데에 옛 남가력도에 해당하는 큰 언덕이 있다.

- 가력배수갑문

북가력도와 남가력도 사이에 축조된 갑문이다.

2호 방조제

2호 방조제는 북가력도와 신시도를 연결하는 9.9km 구간이다.

- 쉼터

너울쉼터(김제시 진봉면 새만금로 892), 소라쉼터(김제시 진봉면 새만금로 1100), 바람쉼터(김제시 진봉면 새만금로 1290), 자연쉼터(김제시 진봉면 새만금로 1502)가 있다.

- 새만금33센터

자연센터 맞은편에 있는 건축물이다. 주소는 김제시 진봉면 새만금로 1499이다.

- 아리울예술창고

공연장이다.

3호 방조제

3호 방조제는 신시도와 야미도를 연결하는 2.7km 구간이다.

- 신시배수갑문

신시도의 일부를 깎아 그 자리에 만들었다.

- 다기능부지

3호 방조제 안쪽에 만든 매립지이다. 북쪽 절반은 새만금오토캠핑장이 운영 중이다.

4호 방조제

4호 방조제는 야미도와 군산시 육지를 연결하는 11.4km 구간이다.

새만금 공간 정보

총면적 409km^2(용지 291km^2, 호소 118km^2)

1권역(산업·연구용지 등)
74.4km^2(25.6%)

2권역(복합개발용지 등)
62.1km^2(21.3%)

3권역(관광·레저용지 등)
31.6km^2(10.9%)

4권역(배후도시용지)
10.0km^2(3.4%)

농생명권역(농생명용지 등)

103.6km²(35.6%)

기타

9.3km²(3.2%)

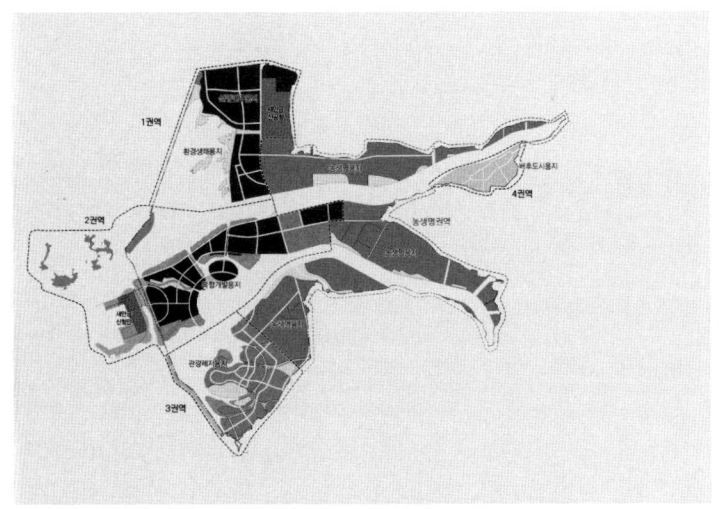

새만금 용지 현황[11]

교통 - 새만금로

새만금 방조제를 지나는 도로를 '새만금로'라고 하며, 전 구간이 국

---

11 새만금개발청 https://www.saemangeum.go.kr/sda/content.do?key=2009075629484

도 제77호선에 해당되는데 국도 노선으로서의 도로구역이 결정되지 않아 한국농어촌공사에서 도로를 관리하고 있다. 2020년에 개통되는 새만금 동서2축도로가 자연쉼터와 새만금33센터 사이에 접속되었다.

남북간선도로 3개축과 동서간선도로 3개축이 건설된다. 동서1축은 군산시 남부를 지나서 군산시 서쪽의 새만금과 이어지는 축이다. 새만금북로로 명명되었으며, 전주시로 연결된다. 동서2축(12번 국도)은 김제시의 간척 이전의 서쪽 끝에서 만경강의 바로 남쪽을 따라 달리게 될 도로로, 다른 동서간선도로와 달리 대부분이 매립지에 속하는 노선이다. 새만금포항고속도로가 완주군 상관면부터 새만금간척지 앞의 김제시 지역까지 연장되며 동서2축과 연결될 예정이다. 이에 따라 전주시는 특별시·광역시가 아님에도 사실상 전주를 둘러싼 순환고속도로를 갖게 된다. 동서2축은 대부분이 매립지에 건설되는 유일한 동서간선도로로서 지반침하를 막기 위해 지반 안정화 기간이 필요하여 공사를 서두르고 있다. 동서3축은 부안군을 지나는 축이다.

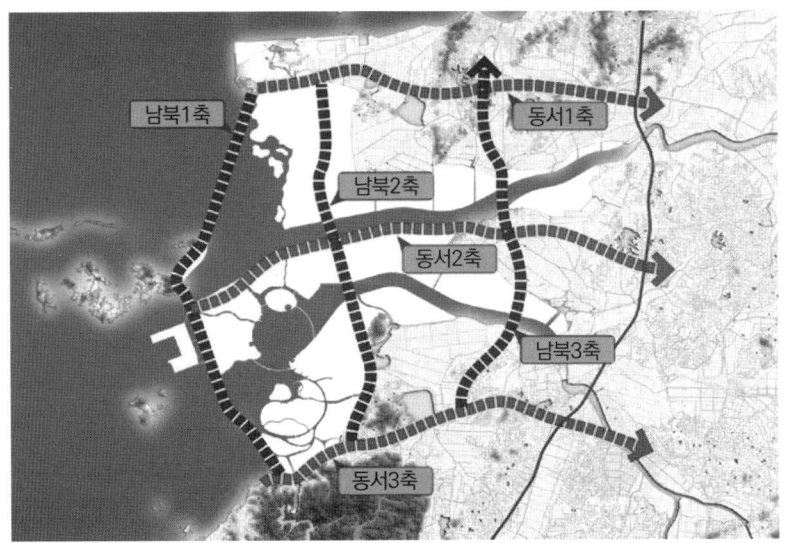

남북간선도로와 동서간선도로[12]

　남북축은 방조제(77번 국도)가 1축, 가운데 대부분 매립지를 지나는 것이 2축, 군산 시내와 부안읍을 잇는 도로가 3축이다. 매립지를 지나는 남북 2축은 현재 공사가 진행 중으로, 공사가 완료 시 4번 국도로 지정될 예정이다. 동서2축과 3축 사이에 원형의 순환도로가 있어서 동진강을 건너는 다리 2개가 있다.

　2020년 11월 25일 동서 2축에 해당되는 '새만금 동서도로'가 개통되었으며, 2022년 12월 28일 만경대교(동서도로 분기)와 군산을 잇

12　https://namu.wiki/w/12%EB%B2%88%20%EA%B5%AD%EB%8F%84

는 남북2축도로가 1단계 개통되었다.

새만금 신도시

2010년 1월 29일에 이명박 정부는 새만금 신도시 계획에 따라 새만금에 지을 신도시 이름을 아리울로 정하였다. 이에 대해 아리울은 물을 뜻하는 '아리'와 울타리, 터전을 뜻하는 '울'을 합성해 만든 토박이말 이름이라고 설명하였다. 기존의 새만금이라는 이름은 외국인들이 발음하기 힘들다는 점을 감안했다.

'아리'는 이명박이 서울시장이던 2004년에 서울시 수돗물에 이름을 붙인 아리수에서 따온 말이다. 아리수는 광개토왕릉비 등에서 고구려가 한강(漢江)을 지칭한 '아리수(阿利水)'에서 본뜬 것인데, 아리라는 말 자체는 물을 뜻하지 않는다. 다만, 한강의 '한'을 '크다'라는 뜻의 순우리말에서 온 것으로 새긴 후 아리를 그와 같은 뜻으로 보아 '크다'라는 뜻으로 보는 견해가 있을 뿐이다. 또, '울'은 '울타리' 또는 '우리', 즉 축사(畜舍)라는 뜻이다. 이 말은 황해도 방언에서만 뜰, 즉 마당이라는 뜻으로도 쓰인다.[13]

---

13 https://ko.wikipedia.org/wiki/%EC%83%88%EB%A7%8C%EA%B8%88_%EA%B0%84%EC%B2%99_%EC%82%AC%EC%97%85

새만금과 역대 대통령의 정책

선거 시즌이 오면 전라북도를 방문한 정치인들이 하나같이 입을 모아 '새만금'의 이름을 외친다. 지역의 숙원 과제라는 것을 반증하는 모양새이지만 이것이 매 4년, 5년마다 반복되고 있다는 것은 그 누구도 새만금을 올바른 방향으로 활용하지 못하고 있음을 증명하고 있기도 하다. 때문에 새만금의 주민들은 지쳐 있다. 새만금에 대한 정책과 공약들은 입에 발린 말처럼 느껴진다고 하며 정치인들의 입에서 새만금이 오르내리는 것만으로도 피로감을 느낀다.

"또 새만금이야." 하면서 그 누구의 정책도 신뢰하지 않으려는 것이 현재 전라북도 유권자들의 상황이다. 그만큼 많은 정치인들에게 기대하고 늘 실망하는 과정을 반복해 왔다는 뜻이다. 마음이 아프다. 표를 얻기 위해서 그저 입에 발린 말처럼 사용되는 수십 년째 그저 기회의 땅으로만 여겨져 온 새만금에 대해 다시 이야기하기 위해서는 그간의 정책과 실패 과정 또한 선이해하는 것이 필요하겠다.

이 사업의 구상은 1970년대 초 박정희 전 대통령 시절까지 거슬러 올라간다.

식량난에 허덕였던 정부는 당시 안정적인 식량을 확보하기 위해

1971년 옥구군과 충남 서천군을 연결하는 '옥서지구 농업개발계획'을 수립했다.

1단계(5만 4천여㏊)와 2단계(4만 7천여㏊)로 나뉘어 수립된 이 계획에서 1단계는 세계은행(IBRD) 차관을 도입해 논산·금강지구 사업이 추진됐다.

2단계는 김제, 부안, 옥구지구를 묶은 것으로, 이것이 현재의 새만금지구이다.

그러나 2단계 사업은 당시 주목을 받지 못했다.

그러다 전두환 전 대통령 때인 1986년 김제지구 간척지 농업개발 사업으로 이름이 바뀌면서 사업이 본격 검토됐다.

김제 만경과 진봉, 광활, 죽산면 일대의 관개·배수를 개선하기 위해 부안군 계화도와 옥구군 선연리를 연결하는 9.6km의 방조제를 쌓는다는 계획이었다.

이어 대통령 선거를 앞둔 1987년 이 사업이 확대됐다. 그해 말 정인용 부총리 겸 경제기획원 장관 주재로 열린 관계 장관회의에서 전북 무주 출신인 황인성 농림수산부장관이 처음으로 '새만금 간척 사업'이란 이름을 공식 사용했다.

그는 당시 새만금 일대의 바다를 막아 이곳을 현재의 김제·만경평야와 같은 옥토로 만들어 식량을 안정적으로 확보하자는 구상이었다고 한다.

대한민국 정부가 시작된 이래 전북은 군사정권을 거치면서 서울 확장 정책과 영남 위주의 발전전략으로 지역낙후가 가속화됐다. 이 기간 우리나라는 압축성장을 이뤄 냈지만, 전북은 당시 신산업이던 제조업 혁명을 이루지 못하고, 여전히 농업 등 1차 산업 위주의 경제 구조를 유지했다.

5공화국이 끝나고 '5공 청산'을 약속한 6공화국(88년 2월~93년 2월) 이후 민주화가 추진되면서 전북 도민의 민심을 반영한 대선 공약이 등장했다. 노태우 전 대통령은 '호남맹주'였던 김대중 전 대통령을 견제하기 위해 제13대 대통령 선거전이 막바지에 이른 1987년 12월 10일 전주에서 열린 선거 유세에서 '임기 내 새만금 사업 완공'을 공약으로 내걸었다. 이어 그해 12월 치러진 대통령 선거에서 노태우 민정당 후보는 새만금 사업을 선거공약으로 내놨다.

1987년 13대 대선을 엿새 남기고 민정당 노태우 후보는 전주역 유세에 나섰다. '광주학살 주범 물러나라', 돌멩이가 빗발쳤다. 연설을 중단한 노 후보는 부랴부랴 전주 시내 한 호텔로 자리를 옮겨 기자 회견을 가졌다. "서해안 지도를 바꾸게 될 새만금지구 대단위 방조제 축조 사업을 최우선 사업으로 선정, 신명을 걸고 임기 내 완성하여 전북 발전의 새 기원을 이룩하겠습니다" 박정희 정권 시절에 유사한 구상이 수립됐고, 전두환 정권 시절에 구체 계획이 수립됐으나 경제적 타당성이 없다는 이유로 사장된 새만금 사업은 이렇게 탄생했다.

허겁지겁 새만금 공약을 발표한 노태우 정권도 문제는 알고 있었다. 갯벌의 가치, 환경의 중요성은 안중에도 없었지만 새만금이 국민 혈세만 쏟아붓는 경제성 없는 개발이라는 정도는 알았다. 노태우 정권 3년 차 정기국회에서 통과된 새해 예산안에는 새만금 사업비가 들어 있지 않았다.

예산 한 푼 들이지 않고 백지화될 수 있었던 새만금은 김대중 총재(평민당)가 있어 살아났다. 1988년 7월 16일 노태우 대통령과 김대중 총재가 영수회담을 가졌다. 노 대통령의 대선 공약인 중간평가와 유보와 김 총재의 숙원인 지방자치제 실시의 합의가 발표됐다. 김 총재가 이때 얻은 게 하나 더 있다. 당시 평민당에서는 실질 소득은 '이거'라는 평가가 돌았다. 바로 새만금이다. 노 대통령은 김 총재에게 새만금 추진을 약속했다. 곧장 새만금 사업비 2백억 원이 추경 예산에 편성됐고, 그해 11월 18일 새만금 방조제 축조가 시작됐다.[14]

노 전 대통령은 당선된 후 1989년 새만금종합개발사업 기본계획을 발표하고, 1991년 새만금 현지에서 기공식을 했다.[15] 노태우 정부 이후 대선주자들의 전북공약은 새만금의 완성에 집중됐고, 전북민심은 새만금 개발로만 압축됐다. 이후 새만금은 성역이 됐다. 왜곡된 정보와 선전으로 전북 도민의 숙원이 되어 버린 새만금을 백지화하는 것은 정치생명을 걸지 않고는 불가능했다. 1992년 대선에서 김영삼·김대중 후보, 1997년 대선에서 김대중·이회창·이인제 후보 모두 새만금을 약속했다.

김영삼 정권이 들어서면서 이 사업은 예산 부족으로 지지부진했다. 최초 계획에서 새만금 사업은 1991년 착공 2004년 완성을 목표로 했지만, 환경과 정치적 논란의 중심에 서면서 지체돼 왔다. 정작 대통령이 약속한 새만금 사업마저 국가사업이 아닌 지역사업으로 인식되면서 실제 인프라를 쌓는 작업은 무산되는 경우가 많았다. 선거철이나 정권 교체기 때마다 개발 계획의 큰 틀이 바뀌고 투자 유치에 필수적인 도로·철도·항만 등 사회간접자본(SOC)구축이 진척되지 못해서

---

14 https://m.khan.co.kr/opinion/khan-column/article/200604241804531#c2b
15 https://www.hankyung.com/politics/article/2010042739418

다. 같은 시기 중국 상해 푸둥지구는 매립공사가 끝나고 하루가 멀다 하고 고층 빌딩과 공장이 속속 들어서 새만금과 큰 대조를 이뤘다.

1993년 출범한 문민정부(93년 2월~98년 2월)도 새만금 공약 위주의 전북발전을 약속했다. 김영삼 전 대통령 당시엔 새만금 1-3 공구 건설이 1994년 7월에 본격화하는 등 방조제 건설의 토대가 마련됐다. 현대자동차 전주공장 기공은 같은 해 1월에 이뤄졌다. 용담댐 건설 역시 문민정부 때 거의 기틀을 잡았다. 하지만 SOC 등 상대적으로 더욱 많은 국가 주요 인프라는 대통령의 고향이자 정치적 기반인 영남에 집중됐다.

새만금만 생각하면 답답한 김 대통령에게 당시 노무현 해양수산부 장관은 "갯벌의 가치가 상승해 최근에는 매립공사를 중단하고 복원하는 추세"라고 조언했다. 그 노 장관은 대통령이 되자 "새만금을 논으로 만든다는 계획은 재검토해야 한다"라고 했다. 이로써 새만금은 농지조성이라는 목적마저 상실했다. 방조제를 쌓아 만든 새만금의 땅은 농지가 아닌 골프장·리조트·공장·비행장 등속이 들어설 땅임이 공식 선포된 것이다. 1997년 호남의 숙원이었던 김대중 대통령이 당선되면서 새만금 사업은 탄력을 받을 것으로 기대를 모았다. 1998년 2월에 시작된 국민의 정부(98년 2월~03년 2월)에선 DJ의 후광을 등에 업은 전북 출신 정치인들이 대거 약진했지만 지역발전 성과는 미미했다. IMF 시대를 극복한 김 전 대통령은 낙후한 전북 지역의 대표적 개발사업인 새만금 사업과 김제공항에 공을 들이려 했으나 지역 내부 갈등과 반발로 제대로 진행되지 않았다. 1999년 김제공항 건설을 위한 공사계약과 보상까지 완료한 것도 김대중 정부 때 일이다. 그러나 1999년 유종근 당시 전북도지사가 새만금 환경 문제와 관련해 민관 공동조사를 수용하면서 2년간 공사가 중단됐다. 정작 해당 지역구 국회의원이던 최규성 전 의원은 이를 뒤집는 데 결정적인 역할을 했다.

이어진 노무현(03년 2월~08년 2월) 전 대통령의 참여정부는 환경·시민사회단체의 반발로 기나긴 소송에 휘말리기도 했다. 새만금을 중국시장과 연계해 꿈의 땅이 될 수 있도록 새로운 비전을 제시했지만 약속은 이행되지 못했다. 2001년 환경운동연합의 헌법소원으로 시작된 새만금 관련 소송은 2006년 3월 대법원 확정판결 때까지 무려 5년간 지속됐다. 참여정부 말기인 2007년 12월 새만금특별법이 제정된 것이 그나마 노 전 정권의 업적이라면 업적이라고 할 수 있다. 다만 노무현 대통령은 전국에 혁신도시 건설 균형발전이 이뤄질 수 있는 초석을 다졌다.

이명박(08년 2월~13년 2월)·박근혜 정부(13년 2월~17년 3월 10일 탄핵) 역시 새만금 위주의 공약으로 전북 민심을 달랬다. 이명박 대통령이 인수위 시절 새만금을 '동북아 경제중심지'로 개발하겠다는 계획을 발표하면서 이 사업은 탄력을 받았다. 두 대통령의 집권 시기 내각에는 전북 출신들이 제대로 기용되지 않으면서 정권과의 소통이 어려웠다. 의외의 성과도 있었다. 박근혜 정부 시절인 2017년 2월 국민연금공단 기금운용본부가 전북으로 이전한 것이다.

새만금 용지가 농업 위주에서 산업 중심으로 전환되고, 새만금 경제자유구역 지정과 새만금위원회 발족, 새만금종합실천계획안 최종 확정 등 현 정부 들어 새만금 개발은 급속도로 속도를 내기 시작했다.

전라북도 관계자는 "새만금 사업은 노태우 전 대통령 때 착공해 이명박 대통령 때 결실을 보는 셈"이라며 "현 정부가 새만금에 많은 관심이 있는 만큼 빠른 시일 내에 개발돼 새만금이 동북아의 경제중심지로 부상했으면 좋겠다"라고 말했다.

문재인(17년 5월~22년 5월)정부도 '속도감 있는 새만금 개발'을 공약으로 걸고, 새만금개발공사 설립, 새만금 국제공항 예타 면제 등을 이행했다. 그러나 제3금융중심지 지정 공약은 실현 의지를 잃었단 평가다.[16]

---

16 https://www.jjan.kr/article/20210519732573

2.
왜 다시, 새만금인가

여러 번 강조했듯 나는 새만금의 한가운데에서 태어나고 자랐다. 그러다 보니 새만금의 명과 암, 나아갈 방향까지 모두를 파악하고 있다. 초기에는 갯벌을 농토로 만들려고 했던 것이 사업 초기 목표였으나 지금은 시대가 바뀌면서 외측에 항만 개발이 국제 경쟁력이 있다는 의견을 개진하며 새만금의 미래에 대해 새로운 의견을 제시하고자 한다. 당초 기획 당시에는 식량난이 중심이 되었던 시대였으니 1차 산업 중심으로 개발 계획이 짜였던 새만금 사업은 4차 산업의 시대에 이른 지금, 완전히 새로워져야만 한다. 시대의 변화에 따른 개발 방안의 대전환이 필요한 시기이다. 해양 분야, 항만 산업과 해운 조선 분야 B2B 산업이라서 일반 국민들에게는 다소 이해와 접근이 어려운 분야일 수 있다. 때문에 해양 전문가인 내가 현재 새만금에 필요한 인재이다.

새만금에 대해 전라북도 도민이 가지고 있는 피로감에 대해서 누구보다도 잘 알고 있다. 그러나 그럼에도 불구하고 왜 다시 새만금을 이야기하려 하는가. 왜 새만금 항만 개발이 필요한가. 여기에서 답을 찾고 싶다.

1) 새만금 항만의 지리적 입지

새만금이 항만으로 개발된다면 동남아 시장에 교두보 역할을 할 수 있다. 14억 5천에 달하는 선적의 통행이 새만금 항을 통해 거쳐 가도록 발전시킬 수 있다. 현재 주요 농수산물 수출지인 동남아시아로부터 미대륙으로 이어 가기 전, 새만금 항만은 중요한 식품 허브항으로 성장을 시키고 발전시킬 수 있는 가능성이 잠재되어 있다.

그림 1 - 조감도[17]

---

17 군산지방해양수산청 https://gunsan.mof.go.kr/ko/page.do?menuIdx=1046

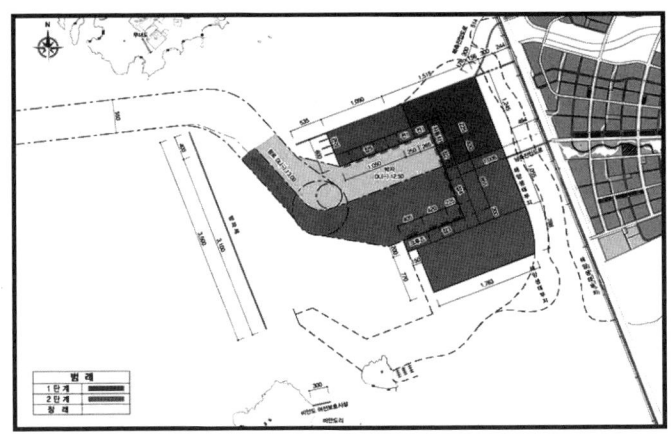

그림 2 - 평면도[18]

2) 평균 수심 17m

최근 선박의 크기는 지속적으로 커져 가는 추세이다. 그러다 보니 선박이 들어오기 위해서는 수심이 성공적인 항만 개발에 앞서 우선적으로 고려되어야 할 사항이다. 그런데 새만금 항만은 인천, 평택, 광양항에 비해서 평균 수심 17m로 매우 안정적이다. 부산신항을 제외한 이미 사용되고 있는 우리나라의 다른 항들의 수심은 14m에 불과하다. 때문에 인프라 여건 부족으로 인해서 서해안 환황해권에 정박할 수 없었던 배들을 새만금 항만으로 유인할 수 있다. 따라서 서해안권 항만으로서는 수심과 입지 면에서 국제 경쟁력이 아주 높다고 할 수

---

18 위와 동일

있다.

3) 부산항과의 물류 산업 협업

현재 항만 개발은 부산항을 중심으로 이루어졌다. 그러나 국제화 시대가 찾아온 지 수십 년이 지났고, 물류량은 늘어만 가기 때문에 부산항만으로는 이를 감당하는 데 한계가 찾아올 수밖에 없다. 예를 들어 유럽 노선을 생각해 보면, 대형 유럽 선사들이 물류 대란을 일으킨 것도 원인을 바로 이것에서 찾을 수 있다. 코로나 시기에 중국으로부터 수입되는 물량과 수출되는 중국 물량이 매우 많았다. 그러다 보니 한국을 경유하지 않고 바로 유럽 선사들이 중국만 경유하는 바람에 요소수 사태 또한 발생했던 것이다. 이처럼 요소수 사태로 인해 해운 물류 산업이 국제 경제 전쟁에서 아주 중요한 의미를 가지고 있음을 확인할 수 있다.

국회의 입법 지원을 통해서 새만금에 대한 국제 경쟁의 잠재력을 빨리 꽃피우지 않고서는 향후 국제 물류 시장에서 뒤떨어질 수밖에 없다는 위기감이 가장 첫 번째 이유이다. 이러한 필요성에서 새만금의 가치는 과거 농경지 확보에서 지금은 다양한 개발로 전라북도의 희망의 관문이 되는 것으로 발전시킬 수 있음을 주장하고 싶다.

구분	제2차 신항만 기본계획('19.8월 수립)							항만 배후부지			
	면적 (천m²)	사업비 (조 원)			부두(접안) 시설			면적 (천m²)	투자 사업비(억 원)		
		계	재정	민자	계	재정 (여객)	민자		계	재정(%)	민자(%)
합계	528,676	41.9	16.2	25.7	119	24(18)	95	39,558	77,762	16,636 (21.4)	61,126 (78.6)
새만금신항	57,241	2.8	1.6	1.3	9	2	7	4,514	8,007	-	8,007 (100)
부산항신항	53,612	13.6	5.2	8.4	34	-	34	5,751	8,751	2,080 (23.8)	6,671 (76.2)
광양항	88,410	7.3	1.3	6.0	4	1(1)	3	8,072	26,693	55(0.2)	26,638 (99.8)
인천신항	46,475	2.2	1.3	0.8	5	-	5	8,788	11,083	9,167 (82.7)	1,916 (17.3)
인천북항	7,912	0.2	0.2	-	-	-	-	174	121	28(23)	93(77)
평택당진항	112,614	2.8	1.2	1.6	17	6(4)	11	6,962	4,668	1,507 (32.3)	3,161 (67.7)
보령신항	1,832	0.1	0.1	-	-	-	-	546	386	386 (100)	-
목포신항	15,975	0.4	0.2	0.2	2	2	-	1,061	363	363 (100)	-
울산신항	95,252	6.8	1.3	5.5	18	-	18	1,108	10,792	380 (3.5)	10,412 (96.5)
포항 영일만항	39,887	1.4	1.1	0.4	10	4(4)	6	1,625	2,670	2,670 (100)	-
제주신항	5,149	2.9	1.8	1.0	13	9(9)	4	823	4,228	-	4,228 (100)
동해신항	4,317	1.4	0.9	0.5	7	-	7	134	0	-	-

3.
앞으로 새만금이 나아가야 할 길

사업을 시작할 때 기준점으로 삼을 롤 모델(Role Model)은 필수적이다. 나는 먼저 항구 도시이자 도시 국가인 싱가폴(Singapore)의 사례처럼 물류, 금융, 관광, 비즈니스로 발전시키겠다는 청사진을 그리고 있다.

싱가포르의 사례

싱가포르는 섬나라로서 63개의 섬으로 이루어져 있으며, 그중 가장 큰 섬은 풀라우 우종(Pulau Ujong)이라고도 불리는 싱가포르섬이다. 면적은 710km^2. 전체 인구 570만 명 중 거의 대부분이 이 섬에 거주한다.

섬이기는 하지만 가까이에 있는 육지인 말레이반도와는 그리 멀지 않으며 실제로 말레이반도와는 2개의 다리로 연결되어 있다. 동서길이 51km, 남북길이 26km 정도의 작은 섬이며 지도상으로 보면 말레이반도 최남단에 있는 것처럼 보인다.

　가장 높은 곳이 해발 163m의 부킷티마 힐(Bukit Timah Hill)일 정도로 평탄하다. 산이 많은 대만, 홍콩이나 역시 카메론 하이랜드 등 고지가 많은 말레이시아와 다르다. 싱가포르인들 스스로가 자국에 없는 것 3개 내지는 4개를 말하는데 보통 겨울, 무서운 놀이기구 그리고 폭력의 3無를 말하지만 부킷티마 힐을 산으로 인정하지 않는 사람들은 산까지 포함해 4無의 나라로 이야기한다.

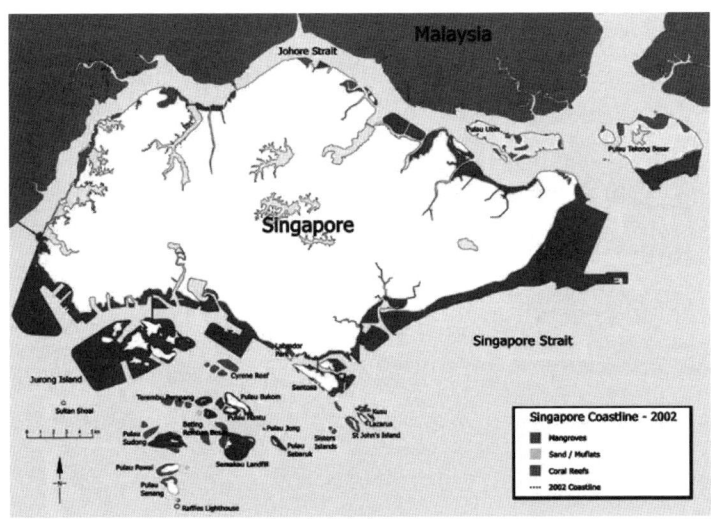

싱가포르 간척지[19]

19　https://www.wildsingapore.com

2002년 해안선. 붉은 부분이 매립지다. 나라가 작다 보니 간척 사업이 진행 중으로 매년 영토를 빠르게 넓혀 나가고 있다. 본바탕이 워낙 작은 나라인지라 간척으로 영토를 늘린 비율은 세계 1위인데 해안선의 대부분이 갯벌이라 매립이 쉬워서이다. 싱가포르섬의 면적은 1960년대에는 582km^{2}이던 것이 2010년에는 710km^{2}로 확장되었다. 2030년까지 800km^{2}로 확장시킬 계획이다.

태평양 항로와 유럽 항로를 연계하는 환적 허브로 자리매김한 싱가포르항은 중국 상하이항이 부상하기 전까지 오랫동안 세계 1위의 물동량을 기록했던 항구며 상하이항에게 1위 자리를 뺏기고 난 후에도 세계 2위 자리를 고수하고 있다. 상하이항이 세계 최대 수출입 항만이라면 싱가포르항은 세계 최대의 환적 항만이다. 전 세계 환적 화물의 20%가 싱가포르항에서 처리되며, 싱가포르항을 운영하는 PSA는 세계 1, 2위를 다투는 항만 운영사이기도 하다.

금융업은 싱가포르를 먹여 살리는 젖줄 그 자체이다. 동남아시아에서 가장 큰 증권거래소인 싱가포르 거래소가 있고, 자산관리와 자원거래에 특화되었다. 프레친과 베르텍스 연구소의 보고서를 분석한 기사에 따르면, 2017년부터 2019년 사이에 전체 벤처 투자액이 2,060억 달러(한화 약 206조 원)에 이르는 것으로 나타나면서 아시아 금융 허브의 모습을 보이고 있다.

아세안 지역의 벤처 투자 중 6개 펀드의 본사도 싱가포르에서 조성됐고 3억 1,360만 달러(한화 약 3,941억 원) 규모의 베르텍스 SEA & 인디아 펀드(Vertex Ventures SEA & India Fund)Ⅳ는 6개 펀드 중 가장 큰 규모의 펀드다. 아세안에 집중된 운용자산(ASEAN-focused Assets under Management)이 2017년부터 2019년까지 3년간 530억 달러(한화 약 66조 6,210억 원)에 도달했고, 시장으로 투입된 운용자산 규모도 처음으로 100억 달러(한화 약 12조 5,700억 원)를 기록했다. 국부펀드인 싱가포르 투자청과 테마섹이 유명하다.

싱가포르는 관광 도시이기도 하다. 말레이시아를 비롯한 주변국 여행과 쇼핑까지 겸한 수요도 끌어들이는 편이다. 이런 연장 선상에서 2천년대 중반부턴 복합 리조트 계획도 밀어붙이는데, 특히 2천년대 후반 세계금융위기로 싱가포르를 지탱하던 금융업이 휘청일 기미를 보이자 새 돌파구로 찾은 것이 카지노 산업이었다. 초대 총리인 리콴유를 포함해 많은 싱가포르인들이 도박 합법화에 반대했지만, 자국민의 도박 중독을 줄이기 위한 규제와 같이 도박 산업은 허용되었다.

새만금의 미래

새만금은 이미 항만, 철도, 항공이라는 트라이포트(항만, 철도, 항공)를 갖추고 있다.

따라서 이에 새만금 신항을 조기에 완공을 시켜서 선박 궤도 진입을 시키고자 한다. 지역민들은 새만금 사업이 30년째 지지부진하다 보니 지쳐 있는 경향이 있다. 오히려 국회의원, 대통령 출마자들이 새만금을 운운하면 볼멘소리가 나올 정도이다. 희망 고문에 시달리다 지쳐 있는 것이다. 더 이상의 기대도 없고, 실망할 것도 없다는 것이 현재 지역민들의 실정인 것을 알고 있다.

한편으로 경제적 측면에서 나는 새만금 사업이 더딘 것이 국토 균형 발전에 있어서도 문제가 된다고 본다. 서해안권, 환황해권의 국제 경쟁력을 좌시한 것으로 볼 수 있는 것이다. 해양 세력은 부산을 중심으로 있다 보니 국제 경쟁력을 갖춘 새만금 권역은 부실했던 부분이 있다. 새만금신항은 평균 수심 17m이며 광양항과 평택항은 14m이다. 요즘 선박이 20~30만 톤 정도이다. 수심은 대형 선박이 진입할 때 가장 일차적인 요건이기 때문에 몹시 중요한 부분이다. 무역선이 들어올 수 있는 첫 번째 요건이 수심 확보이다. 새만금신항은 위치적으로나 수심 유지 상태적으로나 국제 경쟁력을 갖춘 아주 중요한 항만이라고 할 수 있을 것이다.

새만금의 넓은 부지는 식품 클러스터 산업 등 다양한 4차 산업이 펼쳐질 수 있는 기회의 땅이라는 것을 잊지 말아야 한다. 넓은 토지,

더구나 바다와 가까워 유리한 교통 입지, 농지 확보 등에서 광활한 매립지의 활용도를 찾을 수 있을 것임은 당연하다.

또한 대체 에너지 사업에서는 어떤가. 이미 새만금에서는 재생에너지 클러스터 단지를 조성 중이다. 태양광 에너지를 최대로 생산해 가고 있다. 약 4,599GWh 생산으로 약 163만 가구 사용이 가능한 수치이다. 이는 세종 행복도시에 거주하는 11만 가구가 1년간 사용할 수 있고, 전기차를 충전할 경우 서울~부산 간 경부고속도로 416km를 총 266만 번 왕복 운행할 수 있는 전기량이다. 또한, 2023년 1월 우리나라에 등록된 전기차 39만 대(77.4kWh/대 기준) 전체를 14회 정도 완충할 수 있는 전기량이기도 하다.[20]

새만금에 태양광이 설치된 지역은 2010년 세계 최장인 33.9km의 새만금방조제가 완공되면서 물속에서 모습을 드러낸 모래땅이다. 이곳은 군산공항 북측에 위치하여 비행기 소음과 고도제한 등으로 개발까지 오랜 시간이 필요한 지역이었다. 풀만 무성했던 모래땅 3.53km² 용지에 2020년 12월부터 약 4천억 원을 투입해 297MW 규모의 태양광 모듈 설치 공사를 시작했다. 이후 2021년 12월 태양

---

20   대한민국 정책 브리핑 보도자료 - "새만금 유휴지 활용해 태양광 발전... 이산화탄소 19만 톤 감축"
    https://www.korea.kr/briefing/pressReleaseView.do?newsId=156556616

광 1구역 99MW를 준공하고, 2022년에 2, 3구역 각각 99MW를 순차적으로 완공해 전기를 생산하고 있다. 지난해(2022년) 새만금 지역 일평균 발전시간은 4.18시간으로, 전국 평균 태양광 발전시간인 3.72시간보다 약 12% 높고, 새만금이 위치한 전북 지역의 3.8시간보다 약 10% 높다.

태양광 발전은 일조시간이 긴 여름철이 좋을 것으로 알고 있지만, 실제는 봄철 전기 생산량이 가장 많다. 이는 기온이 25℃ 이상일 경우 태양광 모듈 효율이 떨어지는 특성 때문이다. 실제로, 새만금 지역 계절별 일평균 발전시간을 보면 봄철(3~5월)이 5.15시간으로 여름철(6~8월) 4.17시간보다 23.5% 높다.

새만금 지역이 타 지역보다 태양광 발전이 잘 되는 이유는 다음과 같다. 새만금 지역은 태양광 발전의 주요 기상 조건인 일조시간, 일사량은 전국 평균 수준이나, 지리적 특성으로 주변에 햇빛을 가리는 산, 높은 건물 등이 없어 태양이 있는 시간 동안 전기를 생산할 수 있다. 다만, 구름이 태양을 가리면 발전량이 감소한다. 또한 바닷가에서 불어오는 선선한 바람의 영향도 크다. 실제 일조량이 많은 여름철에는 높은 온도 때문에 봄철보다 발전효율이 떨어진다. 기상청 통계에 따르면, 지난해 새만금지역 평균 풍속은 2.3m/s로 전국 평균 1.9m/s보다 21.1% 높아 선선한 바람이 불어 모듈 온도를 낮춰 발전효율을 높이는 효과가 있는 것으로 보인다. 새만금 지역에 설치된 모듈 일부는 태양광 위치에 따라 각도를 조절할 수 있도록 설치되었다. 태양광 고도가 높은 하절기(5~8월)에는 모듈 각도를 10도로 낮춰 태양광을 많이 받도록 관리하며, 9월부터 이듬해 4월까지는 모듈 각도를 25도로 조정해서 관리하고 있다.

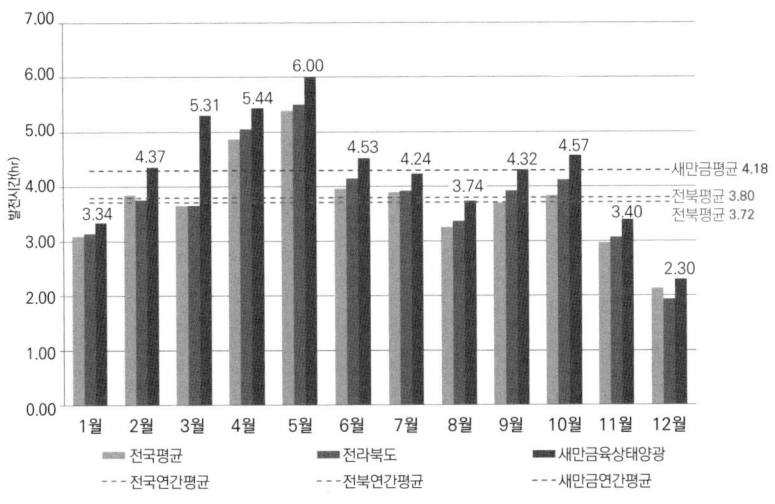

새만금 육상태양광 발전 현황
* 자료출처 : 한국전력 전력통계 월보('22. 1.~12.), 새만금육상태양광 발전사업자

현재 새만금 재생에너지 사업이 본격화되면서 알이백(RE100: 기업이 사용하는 전력의 100%를 재생에너지로 충당)을 목표로 하는 기업들의 관심이 높아지고 있다. 기후위기로 미국·유럽연합 등이 탄소세 부과를 추진하고, 국내 대기업 등이 알이백 캠페인에 동참하는 추

세를 고려할 때, 탄소저감이나 알이백이 필요한 기업들의 투자가 크게 늘어날 전망이다. 특히 새만금에는 수상태양광 2.1GW가 건설될 계획으로 이렇게 대규모로 재생에너지가 생산되는 지역이 없는 만큼, 재생에너지를 직접 공급받거나, 재생에너지 공급인증서(REC)를 구입해야 하는 기업들에 새만금이 최적의 투자처가 될 것이다. 새만금개발청은 수상태양광에서 발생하는 재생에너지 공급인증서(REC)를 새만금에 투자하는 RE100 기업에 장기간 안정적으로 제공하는 방안을 다각적으로 검토 중이다. 김규현 새만금개발청장은 "기후위기, 탄소중립 실현, 에너지원의 가격상승 등을 감안할 때 태양광 등 재생에너지 사업추진은 필요하다."라면서, "새만금이 우리나라의 탄소중립과 녹색성장을 선도하는 전진기지가 될 수 있도록 재생에너지 사업을 비롯해 미래 차, 이차전지 등 친환경 전략사업을 집중 육성해 나가겠다."라고 밝혔다.

이로 인한 부가가치는 69,852.6억 원 수준이다. 또한 온실가스 감축 효과 211만 톤, 나무로 치면 소나무 3억 그루를 심는 효과를 낼 것이라 기대하고 있다.[21] 태양광 에너지가 풍부한 영토는 국제 경쟁력을 갖출 수 있을 것이다.

---

21 https://saemangeum.go.kr/sda/content.do?key=2009163923245

신재생에너지 클러스터 - 발전단지 조성

구분		용량(GW)	사업추진	위치
육상태양광 (0.3GW)		0.2	새만금공사	①
		0.1	군산시	
수상태양광 (2.1GW)	1단계	0.5	새만금청	②
		0.4	전북, 군산, 김제, 부안	
		0.3	한국수자원자력	
	2단계	0.9	새만금청	③, ④
풍력		0.1	민간	⑤
연료전지		0.1	검토중	⑥
합계		2.6		

현재 사업 계획에 따르면 오는 2029년까지 5만 톤급 7선석이 개항을 하게 된다. 이것에 대해 빠르게 신속하게 해양 전문가로서 국제 경쟁력을 갖출 수 있는 항만으로 키우는 데 일조할 자신이 있다. 그중에서 식품 클러스터로 14억 5천 동남아 시장에 수출을 하겠다는 것이 나의 핵심 아이디어이자 제안하는 정책이다. 나는 새만금신항을 복합운송항만으로 개발을 하겠다. 컨테이너 터미널을 개발하여 초대형 컨테이너선이 진입할 수 있는 컨테이너 터미널도 필요하다. 요즘엔 한 선박에 2만 4천TEU 개씩 실린다. 초대형화 추세로 20~30만 톤도 있기 때문이다.

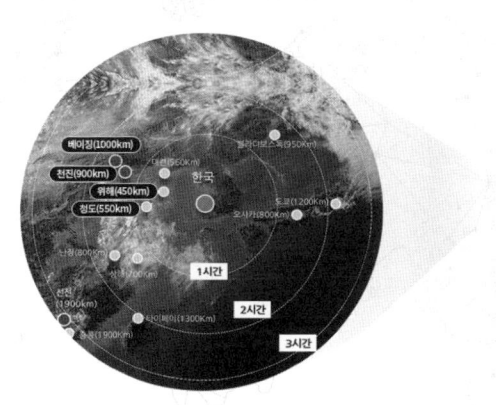

한국과 주요 글로벌 도시와의 거리[22]

22　https://saemangeum.go.kr/sda/content.do?key=2009163998883

한국과 주요 글로벌 도시와의 거리를 살펴보면 비행기 거리 3시간 내 메가시티가 다수 존재함을 알 수 있다. 특히 중국의 베이징, 톈진, 선전은 '30년까지 가장 높은 인구성장률이 전망되는 신흥 시장 상위 15개로 선정된 바 있다.

한국의 광활한 FTA 경제영토[23]

한 새만금항은 FTA 경제영토 세계 3위의 국가로 글로벌 자유 무역의 중심지이기도 하다.

---

23 위와 동일

글로벌 교류의 중심[24]

 북극항로 개설에 따라 글로벌 교역에서 한국의 중요성이 증대되었다. 북극항로는 기존 수에즈 운하를 경유하는 항로보다 거리가 짧아 연료비, 운항일수, 건비 등 물류비를 크게 단축할 수 있다는 장점 있어 동북아 물류 허브의 역할을 하고 있다. 현재 항로를 살펴보면 대부분의 유럽 선박들이 우리나라를 안 들르고 중국-동남아를 통해 가고 있다. 새만금 항만 개발을 통해 우리는 중국 물량을 소화해 내는 동시에 새만금 거점으로 훌륭한 역할을 할 수 있을 것이다. 이미 이 사실에 대해서 해양 전문가와 물류 전문가들은 알고 있는 사실이지만 국가 정책 차원에서 이 부분을 주장하는 사람은 현재 전무한 상황이다. 때

---

24   위와 동일

문에 해양 전문가인 내가 입법자로서 참여하여 국가적 차원에서 입법 지원과 정부 지원을 통해서 국제 경쟁력을 확보할 필요성이 대두되는 것이다.

　기대되는 선박의 종류로는 컨테이너선만 있는 것이 아니라 곡물 등을 싣는 잡화선이라고 불리는 선도 있다. 2025년까지 이선석이 개항을 앞두고 있다. 하역부지와 유류부지, 시설부지, 9선석은 150만 평이 필요하다. 이러한 사업의 조기 완공을 위해서 일관되고 강건한 목소리로 전라북도 새만금의 미래를 위해 힘써 일하도록 할 것이다.

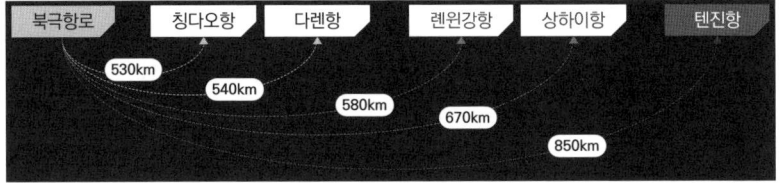

4.
이승이 바라보는 대한민국의 미래

　새만금의 아들, 내가 바라보는 새만금은 언제나 무궁한 가능성을 지닌 채 잠자고 있는 땅이었다. 그러나 문제는 어린 시절부터 지금까지 계속 잠재력을 가진 땅으로서 제대로 이용되지 못하고 있었다는 점이다. 나, 이승이 그리는 새만금 미래는 대한민국이 가진 새로운 신성장동력을 불어넣을 수 있는 마지막 남은 최고의 금싸라기 땅이라는 것이다. 이를 통해 대한민국에 활력을 넣을 수 있고 국가 발전에 획기적인 전기를 마련할 수 있는 큰 사업이기도 하다.

　내가 정치권에 진입하여 입법 권한이 생긴다면, 이러한 새만금의 경제적 성장 가능성을 높이 사 의원들을 설득하며, 빠른 재정 투입으로 국토 균형 발전과 새만금 사업에 조기 활력을 가지고 올 수 있도록 힘쓸 것이다.

　작지만 부유하고, 탄탄한 금융과 물류, 관광, 비즈니스 중심 도시 싱가포르처럼. 우리 전라북도, 새만금이 서해안 시대의 중요한 요충지로 거듭날 수 있도록, 그리고 그로 하여 대한민국의 균형 잡힌 국토 발전이 이루어질 수 있도록 하는 것이 나의 꿈이다.

지금의 수도권 집중 현상은 어쩔 수 없는 것처럼 보이지만 한편으론 언제라도 터질 수 있는 시한폭탄과도 같은 상황이다. 더구나 출산율이 지속적으로 감소하고 있는 이때 지방 소도시들이 살아남을 대책을 강구해야 하는 것은 정부의 의무이기도 하다. 이제 세계는 세계화를 넘어서 하나의 네트워크 안에서 움직이고 있다. 연결이 중요한 시대인만큼 새만금 항만 개발로 유럽과 아시아를, 동남아시아와 동북아시아를, 그리고 북미 대륙을, 오세아니아를 잇는 허브로서 새로운 시대를 열겠다고 다짐해 본다.

정책 브리핑

이제는 대한민국 신성장동력의 희망을 실천하겠습니다

저는 국민의 한 사람으로 본, 정치의 근본적인 역할에 의문을 가질 수밖에 없는 현실 앞에 있습니다. 소수 기득권층을 위한 국가 재정운용은 여전합니다. 수구 언론의 행태 또한 실망스럽기 짝이 없습니다. IT 기술의 발달, SNS가 보편화된 지금, 수많은 정보가 쏟아져 나오고 또 접하기 쉬워졌음에도 불구하고 그릇된 언론은 사회와 정치의 진실을 호도하고 심지어 왜곡 조작하는 것이 현실입니다.

저는 이에 국민과 직접 소통하여 국민의 삶의 격차를 줄여 함께 잘 사는 나라를 만들어 가는 데 일조하고 싶어 과감히 출사표를 던집니다.

제가 김제, 부안 지역을 선택한 이유는 무엇인지 궁금해하는 분들이 많습니다. 저는 태어난 곳, 초중고등학교 교육을 받은 곳이 모두 김제입니다. 말하자면 김제가 저를 키워 낸 것입니다. 저만큼 김제를 잘 아는 사람도, 애정을 가진 사람도 없다고 단언할 수 있습니다.

저는 지역 현안사업인 새만금 개발사업을 국토균형발전의 토대가 될 수 있도록 새만금신항을 국제무역항으로 끌어올려 전북의 활로를 찾고 지방과 서해안 벨트의 경제 활성화의 기틀을 다지는데 기여하고자 합니다.

빈농 집안에서 태어나 가난한 집안을 일으키고자 국비 목포해양대에 입학했습니다. 그러나 졸업을 두 달 앞둔 시기에 제적은 사회의 불의를 눈감고 넘어갈 수 없었던 저의 피 끓는 정의감으로 인한 것이었습니다. 그러나 청천벽력과도 같았던 제적으로 말미암아 부모님은 충격과 실의에 빠지셨고 아버님은 끝내 명을 달리하시기까지 하였습니다.

제가 대학생이었던 1985~87년은 그야말로 격동의 시기였습니다. 당시 학생회장이었던 저는 제가 민주화 운동에 나서고, 목소리를 내는 것이 반드시 필요하다고 생각했습니다. 학생 운동으로 인해 회장직을 박탈당하고, 제적될 것이 예견된 상황이었습니다. 국립 학교로서 군사훈련과 국비 상선사관을 양성하는 엄격한 규율을 자랑하는 대학이었기 때문입니다. 그러나 저는 이 또한 제가 감내해야 할 시대적 아픔이었다고 생각했습니다. 폭발하는 학우들의 외침을 거부할 수 없었습니다. 미래의 나 자신에게 부끄럽고 싶지 않았습니다. 저는 시대와 학생들의 부름 앞에 외면하지 않았습니다. 저는 예견되었던 기득권을 온전히 포기하고 내려놓았습니다. 그리고 많은 이들의 목소리를 끝내 대변해 낸 것입니다.

저는 지역구의 현안에 대해서도 잘 알고 있습니다.
또한 제가 가진 전문성을 바탕으로 아래와 같은 정책을 펼치고자 합니다.

1. 국토균형발전에 있어 전북은 그동안 소외되었습니다. 김제, 부안의 번영과 영광은 농경사회를 지나며 시들어 버린 곡창지대라는 아명뿐입니다. 저는 이제 4차산업 시대의 중심으로 전라북도가 세계화를 이끌어 나갈 때라고 생각합니다.

2. 김제·부안 해안포구 갯벌 만경강과 동진강은 새만금개발사업으로 새로운 문명전환의 미래 먹거리를 상실케 한 역효과도 분명 상존하고 있습니다.

3. 제가 태어나고 자란 전북 김제시 진봉면 고사리 852번지는 어느새 새만금의 중심이 되었습니다. 운명 같은 해양대 진학과 졸업을 앞두고 일어난 제적은 내가 이 자리에 서게 된 원동력입니다. 역경이나

실패가 아니라 저를 지금 이 자리로 이끌어 낸 사건입니다.

저는 그동안 해양대인으로 살아온 직간접적인 경험과 인적 네트워크를 통해 새로운 희망 전북의 해상관문 새만금 신항을 국제무역항으로 발전시키겠습니다. 또한 국토균형발전과 김제·부안의 옛 영광과 대한민국의 미래 먹거리를 찾아내겠습니다.

4. 저는 인권과 공정이 살아 숨 쉬고 지속 가능한 자연환경을 보전하여 후세들의 안전하고 평화로운 삶의 터전 속에서 인간다운 삶의 가치를 실현하는 데 법적 제도적 장치를 갖추는 데 이바지하겠습니다.

5. 저는 어떤 차별에도 반대하고 약자도 불공정하게 대우받지 않는, 사람 사는 세상을 실현하는 데 지혜를 모아 앞장서겠습니다.

핵 오염수에 대한 이승의 입장
'심리적 G8국가'가 핵 오염수를 대하는 태도
(전북도민일보 기고문)

"대한민국은 심리적 G8 국가 반열에 올랐다."

얼마 전 주요 7개국(G7) 정상회의에 참석한 윤석열 대통령의 외교 성과를 평가하며 국민의힘은 황당하게도 '심리적 G8국가'라는 정신승리로 자축했다.

외교는 냉엄한 현실이다. 희망사항이나 정신승리가 현실을 대신하지 못한다.

국민의힘이 강조해마지 않은 '심리적 G8국가'가 일본의 핵 오염수 해양투기를 대하는 태도는 어떠한가?

국민의힘은 영국 옥스퍼드대 웨이드 앨리슨 명예교수를 초청해 '방사능 공포괴담과 후쿠시마'라는 주제로 간담회를 진행한 바 있다.

간담회에서 웨이드 앨리슨 교수는 "마셔도 괜찮다"는 터무니없는 망발로 물의를 빚었다.

이에 대해 한국원자력연구원장은 국회 답변에서 "마시면 안 된다"고 못 박았다. 한 발 더 나아가 보도 자료를 내 조치하겠다는 공식 입장까지 밝혔다.

결국 여당이 나서서 일본의 핵 오염수 해양투기 옹호론자를 불러들여 일본 입장을 선전하려다 우스운 꼴이 됐다.

미국 사우스캐롤라이나 대학 생물학과 티머시 무쏘 교수는 "3중수소는 저(低)에너지여서 외부에서는 피부도 투과하지 못하지만, 생물 체내에 들어가면 고(高)에너지 감마선보다 두 배 이상 위험한 것으로 나타났다"고 말했다.

무쏘 교수는 후쿠시마 원전 관련 연구를 진행해 현재까지 130건의 논문을 발표한 전문가다.

무쏘 교수는 "이 세상에 좋은 방사성 물질은 없다. 적은 방사성 물질이라도 생물학적으로 전혀 괜찮지 않다"며 일본 핵 오염수 해양투기의 위험성을 경고했다.

지난 1993년 러시아가 핵 폐기물 약 900t을 동해상에 버렸다가 발각됐을 때 한국은 물론 전 세계가 분노했다.

특히, 일본 국민들이 격분하여 "방사능에 오염된 스시를 먹게 됐다"며 주일 러시아 대사관에 몰려가 연일 항의 시위를 벌였다.

당시 일본 정부는 러시아 측에 핵 폐기물 해양투기는 이웃 국가는 물론 세계적으로 심각한 환경 문제를 야기한다고 강력 항의했었다.

30년이 지난 지금, 일본 정부는 후쿠시마 핵 오염수를 더 이상 감당할 수 없다는 이유로 해양투기 방침을 밝히고 있다.

러시아산 핵 폐기물은 위험하고 일본산 핵 오염수는 안전하다? 허튼 소리다.

일본의 핵 오염수는 과거 러시아가 버린 양의 1,400배에 이르는 상상을 뛰어넘는 양이다.

일본 마이니치신문은 2020년 6월 30일 기준 다핵종제거설비(ALPS)로 처리한 저장 오염수 약 110만 톤을 조사한 결과 70% 이상에서 기준치 이상의 방사성 물질이 나왔다고 보도한 바 있다. 6%는 무려 기준치의 100~2만 배에 달했다. 이는 현재 기술로 충분히 제거할 수 없는 방사성 물질을 제외한 조사 수치다.

일본의 핵 오염수가 해양투기 될 경우 제주도까지는 200일, 동해까지는 280일, 동해 전체를 뒤덮는 데 340일 가량 소요될 거라는 각종 연구결과다.

대한민국 국민들은 "방사능에 오염된 김치를 먹게 됐다" 분노한다.

중국이 후쿠시마 핵 오염수가 안전하면 일본 내 호수에 배출하라고 일침을 날렸다. 명답이자 현답이다.

중국은 일본의 만행을 국제사회에 고발하며 꾸짖는데 윤석열 정부와 국민의힘은 무슨 이유에서 일본 입장을 두둔하려 하는지 궁금하다.

거꾸로 국민들의 정당한 문제제기마저 '괴담 선동'으로 몰아세우니 이게 정상적인 나라인가? 묻지 않을 수 없다.

국가의 존재이유는 국민의 생명과 안전에 무한책임을 지는 데 있다.

윤석열 정부와 국민의힘은 "자국의 단기적인 사리사욕을 위해 인류의 공동 이익을 해치는 행위는 반드시 엄격한 규탄과 단호한 배격을 받아야 한다"는 중국의 당당한 외침을 새겨듣기 바란다.

이승 〈더불어민주당 해양수산특별위원회 부위원장, 새만금비전연구원 원장〉

출처 : 전북도민일보(http://www.domin.co.kr) 2023.06.14